青少年计算思维能力培养丛书
科学教育课程系列丛书

中国科学院计算技术研究所科学技术协会

北京一零一中英才学院

计算思维基础与实践

初中（上册）

陆云泉　熊永昌　包云岗　著

北京理工大学出版社
BEIJING INSTITUTE OF TECHNOLOGY PRESS

图书在版编目（CIP）数据

计算思维基础与实践．初中 上册／陆云泉，熊永昌，
包云岗著．－－北京：北京理工大学出版社，2024.3
ISBN 978－7－5763－3687－0

Ⅰ.①计… Ⅱ.①陆… ②熊… ③包… Ⅲ.①计算机
课－初中－教学参考资料 Ⅳ.①G634.673

中国国家版本馆 CIP 数据核字（2024）第 057043 号

责任编辑：徐艳君　　文案编辑：徐艳君
责任校对：周瑞红　　责任印制：李志强

出版发行／北京理工大学出版社有限责任公司
社　　址／北京市丰台区四合庄路 6 号
邮　　编／100070
电　　话／(010) 68944439（学术售后服务热线）
网　　址／http://www.bitpress.com.cn

版 印 次／2024 年 3 月第 1 版第 1 次印刷
印　　刷／廊坊市印艺阁数字科技有限公司
开　　本／710 mm×1000 mm　1/16
印　　张／9
字　　数／155 千字
定　　价／68.00 元

前　言

　　上世纪中叶，第一台电子计算机诞生。虽然这个时刻距今尚不足百年，但在人类发展史上却具有划时代的意义——标志着人类进入信息时代。经过半个多世纪的发展，如今信息技术已经广泛而深刻地改变了我们所生活的世界，并将在未来更进一步改变这个世界。

　　中国的计算机事业发源于1950年代，经过几代人的努力，今天已在诸多信息技术领域迈入国际先进行列。未来，中国将全面加速"数字中国"建设，实现数字化发展水平全面进入世界前列，并为全球信息技术发展做出卓越贡献。要实现此目标，正如邓小平所言——"计算机普及要从娃娃抓起"，需要中小学开始，培养一批建设未来信息世界的创新人才。

　　计算机科学是支撑信息世界运行的基座。计算机科学不仅是一套知识体系，更是一套认知体系——提供了一种在信息世界中定义问题、分析问题和解决问题的思维方式，这便是计算思维。计算思维的掌握，表现为针对复杂问题的分析能力以及针对复杂任务的分解能力。故而，计算思维无处不在！它不仅在信息世界有效，在现实世界也同样有效；它不仅对工作有效，对学习与生活也有效。

　　本书从计算思维这条主线出发，从逻辑、算法和系统三个角度组织全书，讲解计算机科学的基础概念和知识体系，厘清计算机科学的起源和发展趋势，阐述计算技术的基础原理和系统构建，以促进中小学生建立起完整的"计算机世界观"，掌握基本的计算思维。同时，本书通过"阅读实例、亲手实验、研究实践"的"三实"学习方法，以期手脑并重，理论与实践结合，促进学生理解与掌握计算思维。

今天，信息世界正面临云计算、人工智能、量子计算等一系列新技术变革，而计算思维将是应对未来技术变革的"金钥匙"。我们期待今日掌握计算思维的中国少年们，在建设未来信息世界的征程中，挥洒天赋，做出引领全球的卓越贡献，创造更灿烂的数字文明。

目　录

第 **1** 章

概 论

信息技术对人类工作、生活和学习等方面的影响日益深入，信息技术教育的中心也发生了转变，从注重计算机操作技能到强调计算机应用能力，再到以计算思维能力培养为基本目标。如何运用计算思维方法来解决问题，已经成为当代人必须具备的基本能力。

本章以计算思维为起点，深入了解计算思维的概念和含义，并了解计算机如何实现计算等问题。

■ 1.1 计算思维

◉ 想一想

如何理解计算思维？

1.1.1 计算思维的概念

计算思维就是把一个看起来困难的问题重新阐述成一个易于解决的问题。国际教育技术协会（International Society for Technology in Education，ISTE）和计算机科学教师协会（Computer Science Teachers Association，CSTA）给计算思维下了一个可操作性的定义，即计算思维是一个解决问题的过程，该过程具有以下特点：

（1）拟定问题，并能够借助计算机和其他工具解决问题；

（2）符合逻辑的组织和分析数据；

（3）通过抽象（如模型等）再现数据；

（4）通过算法（一系列有序的步骤）支持自动化的解决方案；

（5）分析可能的方案，找到最有效的方案，并且有效地应用这些方案和资源；

（6）将该问题的求解过程进行推广，并运用到其他问题中。

1.1.2　计算思维的含义

计算思维的三种具体表现形式为逻辑思维、系统思维和算法思维，如图 1.1 所示。

1. 逻辑思维

逻辑思维，是指运用推理、判断等方法认识事物本质和规律的过程。以生活中的现象为例，我们在观看悬疑类文学作品时，会根据每一章节的细节和线索，结合已知证据去推理和破解，这就是逻辑思维的体现。

图 1.1　计算思维的三种具体表现形式

✏ 逻辑思维例子

探险者难题

一位在奥斯仙境的探险者想要去翡翠城，但路上必须经过说谎国才能到达。说谎国的人永远说谎，而诚实国的人永远说真话。一天，探险者走到岔路口，两条路分别通向说谎国和诚实国，他不知道哪一条路是去说谎国的路。

正在犹豫不决时他看到路上来了一个人（探险者不知道此人属于哪个国家），探险者想要问去说谎国的路，应该怎么提问？

要求：探险者只能问一次问题，而且答案只能是"是"或者"否"。

🔵 **挑战任务**

以探险者难题为课堂挑战活动任务，小组进行讨论并给出解决方案。

活动提示：

（1）根据探险者难题的条件和问题，梳理出逻辑关系；

（2）小组充分讨论，总结归纳出提问方法；

（3）分享交流。

📝 解答

为了描述方便，将这个人称为 X，将两条路分别记为 s 和 t，如图 1.2 所示。

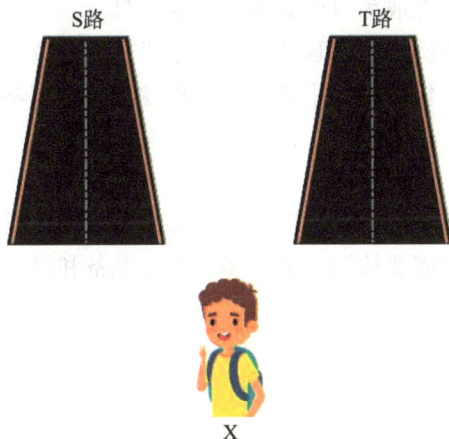

图 1.2 挑战任务示意图

探险者的一种提问方法如下：

提问 X，"你对于'你来自诚实国'和'路 s 通往说谎国'这两个问题的回答是相同的吗？"若 X 回答"是"，则走 S 路；若 X 回答"否"，则走 T 路。

🎬 学一学

用逻辑符号和推理来证明以上的提问方法：

用 x 表示 X 是否来自诚实国，用 s 表示 S 路是否通往说谎国，即：

(1) $x=1$：X 来自诚实国；$x=0$：X 来自说谎国；

(2) $s=1$：走 S 路可以到说谎国；$s=0$：走 S 路不能到说谎国。

所问的问题可以表示为：$x \oplus s=0$?

无论 x 的值是 1 还是 0，"?"总是 $\bar{S}$（因为若 $x=0$，X 将说谎）。

因此，如果问：是否 $x \oplus s=0$? X 回答"是"（两个问题答案相同），则 $s=1$，应该走 S 路，否则应该走 T 路。

2. 系统思维

系统思维是从整体出发，综合思考各方面因素的全局观。

系统思维例子

以古代的马车为例,马车分为三个部分,车厢、车轮和车辕,只有这三部分组合在一起时,马车才能成为可以载人的交通工具。

再以现代的手机为例,一部智能手机由手机操作系统、中央处理器、图形处理器、内存、存储器、传声器、手机屏幕、摄像头、感应器、蓝牙、无线连接等组成。

3. 算法思维

算法是指为解决某一问题而采取的方法和步骤。以生活中的菜谱为例,做成一道西红柿炒鸡蛋,只需要按照菜谱一步一步去准备和操作即可,菜谱使做饭的过程变得高效和便捷。

算法思维例子

身高排序问题

在上体育课之前,体育老师会让学生先自行按高低个子排队。同学们会迅速识别最高的同学和最矮的同学完成首尾的排序,中间的同学会不停地通过与相邻同学的对比来调整位置,最终完成排队这个任务指令。

小资料

一首交响乐是由多种乐器按照一个乐谱和谐地演奏出来的,每种乐器的演奏都能发挥出其独特的美妙,它们都在表达同一首音乐。逻辑思维、算法思维、系统思维就像大提琴、萨克斯、黑管、风琴等乐器一样,计算思维并不是逻辑思维、算法思维和系统思维的罗列,而是它们一起组成了计算思维这首特殊的"交响乐",如图1.3所示。

图1.3 计算思维与交响乐

1.2 计算机如何实现计算

1.2.1 什么是计算机

计算无处不在，计算工具是人们在计算或辅助计算时使用的器具。计算工具经历了从简单到复杂、从低级到高级、从低速到高速、从功能单一到多功能化的过程。

当代的主流计算工具是计算机，它是一种能自动并精确地进行信息处理的电子设备，是 20 世纪人类最伟大的发明之一。

最早的机械式计算机大多是齿轮装置，例如，帕斯卡发明的加法器，就是利用齿轮上的突出齿，每转动一周低位齿轮，突出齿就会拨动高位齿轮转动一周，实现进位。

机电式的计算装置例如图灵机，则是通过模拟人们使用纸笔的数学计算过程，让机器代替人类进行计算。

早期电子计算机例如我国的 103 机，它是我国第一代计算机，使用了 700 多个电子管、2 000 个二极管、1 万个阻容元件、400 个插件，占地 40 m^2。

现在常见的是电子计算机，例如，便携式的个人电脑、手机和 iPad。

学一学

计算机结构。

挑战任务

时光倒流回到 20 世纪 60 年代，你的爸爸是一名会计师，你是一名电子发烧友。爸爸每天都被大量的数字和计算困扰（我们假设只有加减法等简单运算），你能不能解决爸爸的困扰呢？这时你想到了构建一个计算机（也可以称为计算系统）来帮助爸爸处理每天繁重的运算，你该如何构建一个计算系统？

重要提示：

（1）根据结构、功能、交互和信息四个方向调研应该有哪些组成部分才能完成爸爸的需要？

（2）画出你的计算机系统示意图。

（3）如果考虑到性价比，哪些是必要的？哪些是可以缩减的？如果缩减了，会引起哪些限制？

（4）你能否解释一下你的这个计算系统是如何处理信息，如何工作的？

现在所说的计算机体系结构一般指电子计算机的体系结构。

在计算机诞生之前，计算在精度和数量上已经出现了瓶颈，因此对于计算机这样的机器的需求便十分强烈。冯·诺依曼的逻辑和计算机思想指导他设计并制造出历史上第一台通用电子计算机（如图 1.4 所示）。他的计算机理论主要受自身数学基础的影响，且具有高度数学化、逻辑化特征，对于该理论，他自己一般会叫作"计算机的逻辑理论"。而他的计算机存储程序的思想，则是他的另一伟大创新，通过内部存储器安放存储程序，成功解决了当时计算机存储容量太小和运算速度过慢的问题。

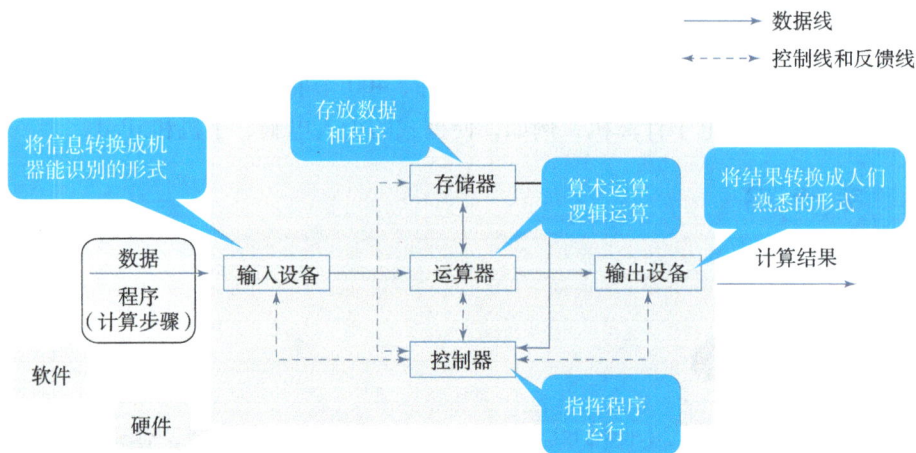

图 1.4　冯·诺依曼计算机结构示意图

1.2.2　计算机的计算过程

最简单的计算过程只包含一个步骤，该步骤只有一个算术逻辑运算。

更复杂一些的计算过程包含 $n(n>1)$ 个步骤，这些步骤逐次执行（这种逐次顺序执行又称 n 个步骤串行执行），即首先执行步骤 1，再执行步骤 2，最终执行步骤 n。例如，求 $3+2+4=?$ 这个例子，可由两个步骤完成，即：

步骤 1：先算出 3 + 2 = 5；

步骤 2：用前一步的结果求出 5 + 4 = 9。

这两个步骤的计算过程也可以直接用布尔逻辑电路实现，如图 1.5 所示。

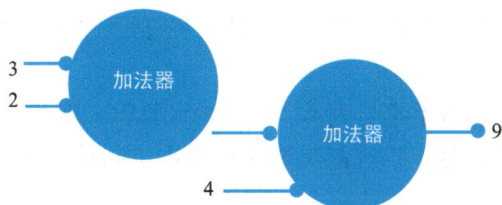

图 1.5　三个数相加的布尔逻辑电路示意图

如果不是三个数之和，而是求 30 亿个数之和怎么办？

显然不应该直接用布尔逻辑电路实现，因为那需要 30 亿个加法器，硬件成本太高。一个成本较低的方法如图 1.6 所示，这是我们看到的第一台计算机，它包括中央处理器、存储器、输入/输出设备。

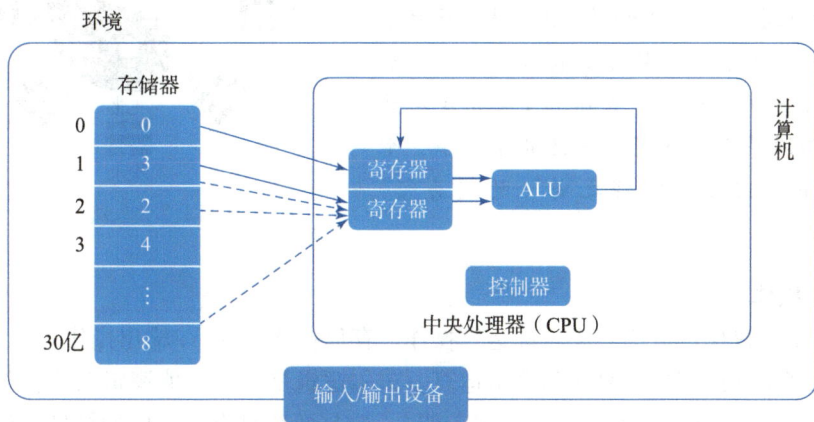

图 1.6　计算机实现 30 亿个数求和的计算过程示意图

计算机的计算过程是通过操作数字符号变换信息的过程，如何足够精准地表示数字符号是一个基本的问题。接下来我们一起了解数字符号和操作的相关知识。

1. 数字符号

数字是某种离散（即非连续的）计数方法中的基本数值，也是最简单的一类符号。

符号是指代具体或抽象事物的特定记号，其表现形式可以是文字、数值、图像、声音等。字典中的文字是符号，二维码图像是符号，熄灯号的声音也是符号。

数字符号就是能够用一个或多个数字的组合表示的符号。在 6 + 9 = 15 这个简单的加法运算中，"6""9""1""5"是数字符号，"15"" + "" = "也是数字符号。

实例：八卦的二值数字符号表示。今天的计算机一般都通过二进制数字符号表示各种所需的数字符号。二进制是最简单的进位制计数法，每位只有两个值：0 或 1。

小资料

历史上最早的二值符号体系很可能是中国的八卦系统，共有 8 个符号，如图 1.7 所示。每个符号用 3 个二进制符号（阴、阳）表示。用今天的术语来说，1 个二值符号对应 1 个二进制位（Binary Digit，Bit），中文叫比特。一个八卦符号需要 3 个比特来表示。相传先天八卦是伏羲氏发明的，后来周文王在先天八卦基础上发展出了后天八卦与周易六十四卦，并经孔子注解，形成了中华文化"群经之首"的《易经》一书。

图 1.7　八卦系统

2. 操作

基本的操作可分为三类，即运算操作、存储操作、输入/输出操作。

最基本的运算操作是布尔逻辑运算。布尔逻辑是一个二值逻辑系统，包含两个特殊符号：1（表示真）和 0（表示假），这是两个具有恒定值的符号，称为布尔常数。布尔逻辑也可以有变量符号（x，y 等），每个布尔变量仅取值 0 或 1，布尔常数可以看作是特殊的布尔变量。

存储操作是涉及计算机的记忆体的操作，主要包括自动地从存储器读出特定数据的读操作，以及将数据写入存储器的写操作。

输入/输出操作是指将数据传输进计算机的输入操作（如从键盘输入字符）和将数据传输出计算机的输出操作（例如，将字符在屏幕上显示，将某个文件输出到硬盘，或将该文件在打印机输出）。

练一练

阅读完上述资料，完成下列测试题目。

（1）计算机习惯使用的数字和运算符号是什么？填写表1.1。

表1.1 我们与计算机习惯使用的数字与运算符对比表

项目	我们使用的	计算机使用的
数字		
符号		
运算		

（2）运算操作：最基本的运算操作是＿＿＿＿＿＿＿＿＿运算。它是一个二值逻辑系统，包含两个特殊符号：＿＿＿＿＿（表示真）和＿＿＿＿＿（表示假），这是两个具有恒定值的符号，称为布尔常数。如果想做运算操作，计算机需要＿＿＿＿＿＿＿＿部分。

（3）存储操作：存储操作是涉及计算机的记忆体的操作，主要包括自动地从存储器读出特定数据的＿＿＿＿＿＿＿＿，以及将数据写入存储的＿＿＿＿＿＿＿＿。

如果想把数据存储，计算机需要＿＿＿＿＿＿＿＿部分。

（4）输入/输出操作：是指将数据传输进入计算机的＿＿＿＿＿＿＿＿（如从键盘输入字符）和将数据传输出计算机的＿＿＿＿＿＿＿＿。

如果我们想和计算机沟通、交互，计算机需要＿＿＿＿＿＿＿部分。

计算机运行计算最主要依靠的就是计算机的"大脑"，即计算机的中央处理器（Central Processing Unit，CPU），它是计算机系统的运算和控制核心，是信息处理、程序运行的最终执行单元。接下来我们就通过实践探究一起认识一下CPU。

实践探究

认识CPU

（1）目的：通过操作手工CPU认识真实CPU。

（2）工具：手工CPU，如图1.8所示。

图 1.8 手工 CPU

（3）实验记录表，如表 1.2 所示。

表 1.2 认识 CPU 实验记录表

项目	1	2	3	4	5	6
构成单元						
功能						
包含电子元器件						

第**2**章

逻辑思维

逻辑思维是指在认识的过程中借助于概念、判断、推理去解决问题的过程。

本章从逻辑基础出发，探索进制与逻辑，并搭建逻辑电路。

■ 2.1 逻辑基础

学一学

什么是进制？

2.1.1 进制的概念

进制也就是进位计数制，是人为定义的带进位的计数方法。对于任何一种进制，如 X 进制，就表示每一位上的数运算时都是逢 X 进一位。十进制是逢十进一，十六进制是逢十六进一，二进制就是逢二进一，以此类推，X 进制就是逢 X 进位。生活中的进制如下：

1. 十进制

十进制是人类普遍采用的进制，我们小时候掰着手指头数数运用的就是十进制（如图 2.1 所示）。亚里士多德认为，人类普遍使用十进制是因为人生来就有 10 根手指这样一个解剖学事实的结果。十进制根据"逢十进一"的法则进行计数。

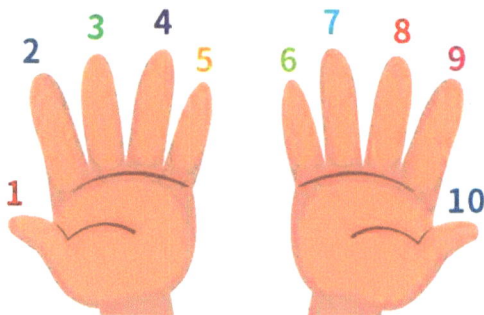

图 2.1　十进制

2. 十二进制

众所周知，十二个月是一年，十二进制就是数学中以 12 为底数的计数系统（如图 2.2 所示）。中国古代设有十二地支，与一天的十二个时辰相对应，一个地支还对应两个节气，从而表示一年的二十四个节气。同时，地支还与十二种动物对应，称为十二生肖，以此表示十二年为周期的循环。

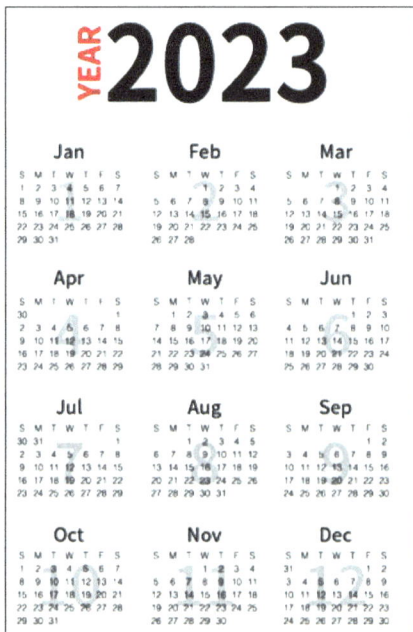

图 2.2　十二进制

3. 十六进制

在秦朝统一六国后，秦始皇就下令统一了度量衡，规定了一斤等于十六两，那么半斤就是八两（如图 2.3 所示）。在随后的 2 000 多年里，一斤等于十六两的度量衡标准一直被沿用并传承下来。直到 1959 年 6 月 25 日，中华人民共和国国务院颁布《国务院关于统一我国计量制度的命令》后，才执行"一斤等于十两"的规定。

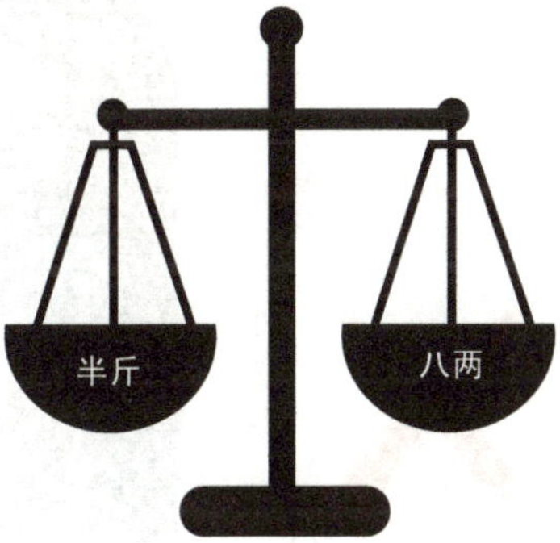

图 2.3　十六进制

此外还有常见的三进制（季度）、四进制（春、夏、秋、冬）、五进制（"正"字计数）等。

2.1.2　二进制的概念

我们常见的开关，只有开和关两种状态（如图 2.4 所示）。打开开关灯泡通电发亮（如图 2.5 所示），我们通常称为"1"；关掉开关电路断电灯泡熄灭（如图 2.5 所示），我们通常称为"0"。还有试卷上的判断题，也只有对和错两种状态（如图 2.6 所示），我们通常称"对"为"1"，"错"为"0"。这就是生活中出现的二进制。

图 2.4　开关

图 2.5　通与断

二进制是以 2 为基数代表系统的二进位制。二进制是由德国数学家戈特弗里德·威廉·莱布尼茨（如图 2.7 所示）发明的，凭借其简单、二值的优势在当下的信息时代中得到了极其广阔的应用。电路、芯片、计算机程序、计算机运算等都是借助二进制来完成的。

图 2.6　对和错

图 2.7　戈特弗里德·威廉·莱布尼茨

2.1.3　二进制表示原则

二进制由 0，1 两个数码来表示。进位方法为逢二进一，即 0，1，10（2），11（3），因此二进制中的个位数只有 0 和 1，用这两个自然数表示任何数字；最右边的数字增加到不能增加（即从 0 到 1）时，向左边进一位，左边再从 0 开始计起。

二进制换算为十进制的原则是根据 2 的次方数与对应位置上的二进制数（0，1）相乘后再全部相加，即可得到转换的结果。示例 1 表示二进制中的 10 转换为十进制中的 2 的方法。

示例 1：$10（b）=2^1 \times 1 + 2^0 \times 0 = 2$（d）。

十进制到二进制的转换需要使用循环相减法，即十进制数从不超过本身的最大的 2 的次方数开始做减法，直到最后减为 0 为止。示例 2 表示十进制中的 100 转换为二进制的方法。

示例 2：$100 - 64 = 36$，$36 - 32 = 4$，$4 - 4 = 0$；

$100（d）= 2^6 \times 1 + 2^5 \times 1 + 2^4 \times 0 + 2^3 \times 0 + 2^2 \times 1 + 2^1 \times 0 + 2^0 \times 0 = 1100100$（b）。

动手动脑

转换递加游戏

游戏规则:

（1）将现场的同学分为 4 个组;

（2）按照二进制逢二进位的原理,各小组按顺序完成表格,写出十进制对应的二进制表示结果;

（3）从第一个小组开始,每个小组轮流说出 1～16 对应的二进制结果。

各小组十进制与二进制的转换填入表 2.1。

表 2.1　十进制与二进制

	十进制	二进制
一组	1	
	16	
	2	
二组	15	
	3	
	14	
	4	
	13	

	十进制	二进制
三组	5	
	12	
	6	
	11	
	7	
四组	10	
	8	
	9	

科技天地

计算机与二进制的关系。

计算机选择二进制编码主要是因为以下 4 个原因,如图 2.8 所示。

实现简单
具有两种稳定状态的器件很容易找

计算机中使用二进制编码有很多优势

规则简单
二进制只有0和1两个符号

转换简单
易于与十进制的转换

逻辑运算的对象是"真"和"假"，两种状态正好与之对应
逻辑简单

无论计算机的功能有多么强大，能够处理的信息有多么丰富，计算机硬件唯一能够直接识别的信息只有一种，就是"0"和"1"

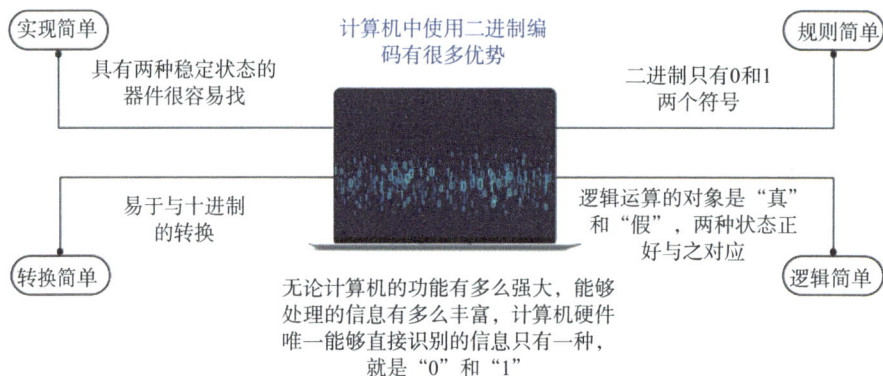

图 2.8　二进制的优势

2.1.4　逻辑运算

1. 逻辑"与"

逻辑"与"相当于生活中说的"并且"，英文为"AND"，就是两个条件都同时成立的情况下逻辑"与"的运算结果才为"真"，否则都为"假"。

生活中都有哪些和逻辑"与"有关的场景呢？如图 2.9 所示，我们小时候玩的两人三足游戏，当两个人都往前前进时，才能顺利完成比赛；还有图 2.10 中我们常见的保险柜，密码和钥匙同时使用时，才能打开保险柜门，缺一不可。生活中有很多这样的场景，你可以尝试再想几个。

图 2.9　两人三足游戏

图 2.10　打开保险柜门

（1）逻辑"与"符号。在逻辑关系中，每一个逻辑都有一个符号来表示。逻辑"与"符号如图 2.11 所示，英文用 AND GATE 表示。当进行逻辑运算时，会有输入和输出。假设 A 和 B 两个字母分别代表两个输入，则 C 代表逻辑的输出。在运算的过程中，输入 A 和 B 可以是二进制"0"或"1"，那么输出就是在

该逻辑运算下得出的结果。

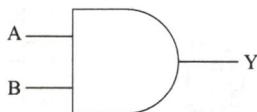

图 2.11　逻辑"与"符号

（2）真值表。真值表的定义是表示逻辑关系中输入和输出之间全部可能状态的表格。简单来说，其实就是将输入的全部可能性，即"1"或"0"，罗列出来，利用逻辑关系得出全部可能性的输出。可以理解为就是一个"枚举表"。输入 A 和 B 分别取"0"或"1"，这样就有 4 种情况，在所有可能性中，"与"运算后的输出 C 相应地填写在表格中。这样就形成了一个逻辑"与"真值表，如表 2.2 所示。其他的逻辑关系也同理。我们从逻辑"与"的真值表中可以看到，只有当输入 A 和 B 都为"1"时，输出 C 为"1"。这是满足逻辑"与"的运算规则的。

表 2.2　逻辑"与"真值表

A	B	C
0	0	0
0	1	0
1	0	0
1	1	1

动手动脑

逻辑"与"游戏

挑战组同学：每人手里会有两张卡片，蓝色代表"0"，红色代表"1"；以组为单位，每个人随机选择想出的卡片（红或蓝），选择扮演的输入（共 4 个输入），如输入 1。

应战组同学：选择一名同学作为答案发布者；挑战组同学完成部署后，开始计时 30 s；公布输出的答案。

记分规则：以组为单位积分；应战组答对，积 1 分，挑战组不得分；反之，挑战组得 1 分。

逻辑"与"游戏示意图及其电路图如图 2.12 和图 2.13 所示。

挑战组同学　　　　老师给出　　　应战组同学回答

图 2.12　逻辑"与"游戏示意图

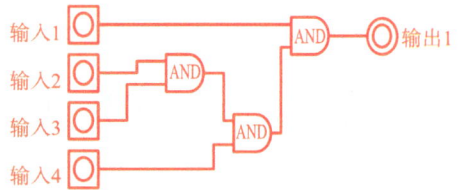

4名同学各选择一个输入，另一组同学判断输出

图 2.13　逻辑"与"游戏电路图

2. 逻辑"或"

逻辑"或"相当于生活中说的"或者"，英文为"OR"，即两个条件至少一个成立的情况下逻辑"或"的运算结果就为"真"，只有两个条件均为"假"的时候，结果才为"假"。生活中都有哪些和逻辑"或"有关的场景呢？图 2.14 中所示的商场双开门，我们任意推开其中的一扇门都可以进入；图 2.15 中我们常见的 Y 形水管，不管水流从哪个管道进入，最终都能排到下面的管道里。

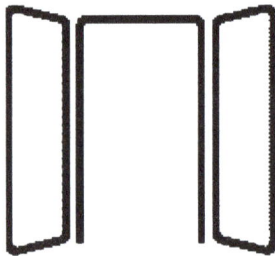

图 2.14　双开门

图 2.15　Y 形水管

在逻辑关系中，每一个逻辑都有一个符号来表示。逻辑"或"符号如图 2.16 所示，英文用 OR GATE 表示。当进行逻辑运算时，会有输入和输出。假设 A 和 B 两个字母分别代表两个输入，则 C 代表逻辑的输出。表 2.3 是逻辑"或"真值表。输入 A 和 B 分别取"0"或"1"，这样就有 4 种情况，当输入的 A 和 B 其中有一个是 1 的时候，则输出 C 就为"1"。

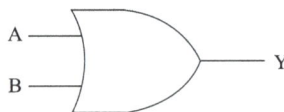

图 2.16　逻辑"或"符号

表 2.3　逻辑"或"真值表

A	B	C
0	0	0
0	1	1
1	0	1
1	1	1

3. 逻辑"非"

逻辑"非"相当于生活中说的"反",英文为"NOT",就是无论一个描述为"真"或者"假","非"的结论一定是取反,即"真"的逻辑"非"为"假",反之亦然。逻辑"非"的输入和输出均为一个逻辑变量。生活中和逻辑"非"有关的场景如图 2.17 所示的开关,其只有两个状态:打开和关闭;图 2.18 所示的试卷上的判断题,只有正确和错误两个选项。

图 2.17　开关

图 2.18　试卷上的判断题

在逻辑关系中,每一个逻辑都有一个符号来表示。逻辑"非"符号如图 2.19 所示。当进行逻辑运算时,会有输入和输出。A 代表输入,C 代表逻辑的输出。表 2.4 是逻辑"非"真值表。输入 A 分别取

图 2.19　逻辑"非"符号

"0"或"1",这样就只有 2 种情况,当输入的 A 是 1 的时候,则输出 C 就为"0",当输入的 A 是 0 的时候,则输出 C 就为"1"。

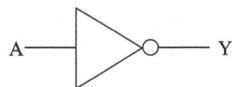

表 2.4　逻辑"非"真值表

A	C
0	1
1	0

动手动脑

"与""或""非"组合逻辑游戏

游戏规则：

1. 挑战组同学

（1）每人手里会有两张卡片，蓝色代表"0"，红色代表"1"，以组为单位，每个人随机选择想出的卡片（红或蓝）；

（2）选择扮演的输入（共4个输入），如输入1。

2. 应战组同学

（1）选择一名同学作为答案发布者；

（2）挑战组同学完成部署后，开始计时30 s；

（3）公布输出的答案。

3. 记分规则

（1）以组为单位记分；

（2）应战组答对，记1分，挑战组不得分；

（3）反之，挑战组得1分。

"与"或"非"组合逻辑游戏示意图如图2.20所示。

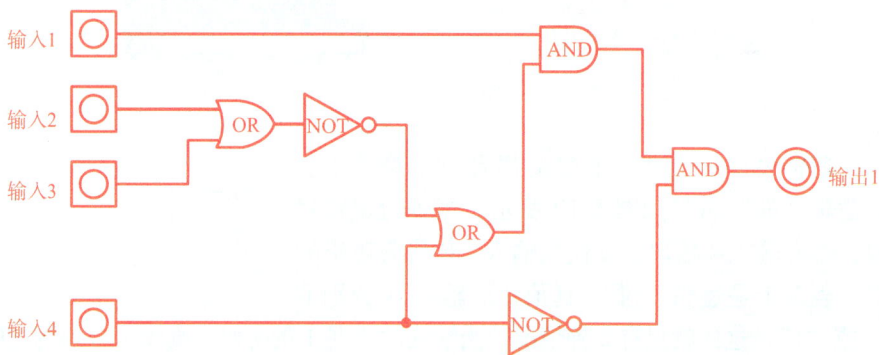

4名同学各自选定一个输入，另一组同学确定答案

图2.20 "与""或""非"组合逻辑游戏示意图

⊙ 知识小总结

1. 进制

进制也就是进位计数制，是人为定义的带进位的计数方法。目前计算机一般识别使用的数制是二进制。二进制是以 2 为基数代表系统的二进位制。在这个系统里，由 0 和 1 表示数字。

2. "与"或"非"逻辑

"与"：逻辑"与"就是两个条件都同时为"真"的情况下逻辑"与"的运算结果才为"真"。英文为 AND，逻辑符号为"&&"，图形为 $^{A}_{B}$⎯⟩⎯Y。

"或"：逻辑"或"就是当两个条件中有任一个条件满足，逻辑"或"的运算结果就为"真"。英文为 OR，逻辑符号为"‖"，图形为 $^{A}_{B}$⎯⟩⎯Y。

"非"：逻辑"非"就是指本来值的反值。英文为 NOT，逻辑符号为"!"，图形为 A⎯▷○⎯Y。

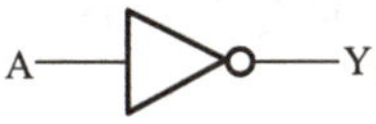

3. 真值表

真值表是在逻辑中使用的一类数学表，用来确定一个表达式是否为真或有效（如图 2.21 所示）。

逻辑"与"真值表		
输入		输出
0	0	0
0	1	0
1	0	0
1	1	1

逻辑"或"真值表		
输入		输出
0	0	0
0	1	1
1	0	1
1	1	1

逻辑"非"真值表	
输入	输出
0	1
1	0

图 2.21　逻辑"与""或""非"真值表

◗ 挑战任务

根据逻辑真值表用逻辑符号设计出电路（如表 2.5 所示），并研究这个特殊的逻辑。

表 2.5　根据逻辑真值表设计电路

A	B	C
0	0	0
0	1	1
1	0	1
1	1	0

■ 2.2　继电器原理与逻辑电路搭建

想一想

二进制有哪些实现的方法与手段?

ENIAC 是世界上第一台通用计算机,如图 2.22 所示。它是个庞然大物,重 30 余 t,占地约 167 m^2,装有 18 000 个电子管、7 万个电阻、1 万个电容和 1 500 个继电器。其实这些电子元件都与二进制的表示有关,继电器、二极管、真空管都是二进制实现的手段。

本节学习二进制的第一种实现手段——继电器。

图 2.22　ENIAC

学一学

什么是继电器?

2.2.1　继电器的概念

继电器是一种电控制器件,是当输入量的变化达到规定要求时,在电气输出电路中使被控量发生预定的阶跃变化的一种电器(如图 2.23 所示)。

图 2.23　继电器外观

2.2.2　继电器的原理

继电器里面分为两阶电路：一阶是控制电路，输入控制；二阶是输出电路，是执行部分。一阶电路提供各种控制器件，如开关；在二阶电路里有各种执行的元件，如电扇、水泵、电灯、电梯等。

继电器工作原理如图 2.24 所示。

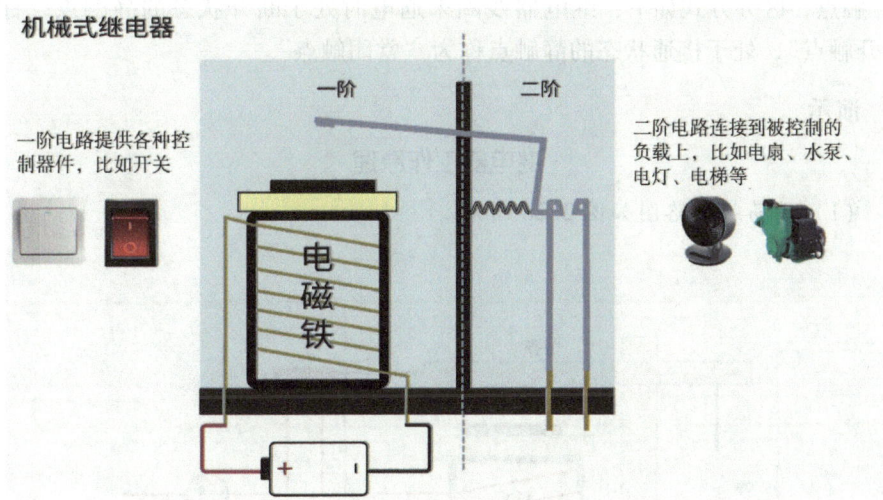

图 2.24　继电器工作原理

图 2.25 是继电器的一个普通电路应用：控制电灯。其实现原理如下：

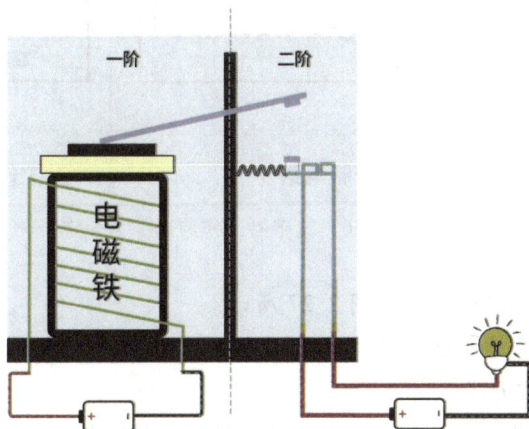

图 2.25　继电器实现电灯的控制

　　继电器一般由铁芯、线圈、衔铁、触点簧片等组成。只要在线圈两端加上一定的电压，线圈中就会流过一定的电流，从而产生电磁效应，衔铁就会在电磁力吸引的作用下克服返回弹簧的拉力吸向铁芯，从而带动衔铁的动触点与静触点（常开触点）吸合。当线圈断电后，电磁的吸力也随之消失，衔铁就会在弹簧的反作用力下返口原来的位置，使动触点与原来的静触点（常闭触点）吸合。通过吸合、释放，从而达到在电路中的导通、切断目的。对于继电器的"常开、常闭"触点，区分方式如下：继电器线圈未通电时处于断开状态的静触点，称为"常开触点"，处于接通状态的静触点称为"常闭触点"。

✎ **演示**

继电器工作原理

（1）简易版电路图如图 2.26 所示。

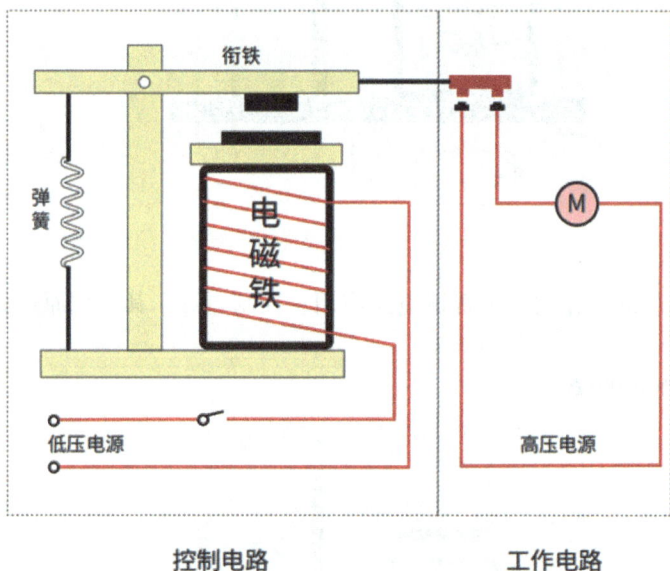

图 2.26　继电器工作原理简易版电路图

（2）标准版电路图如图 2.27 所示。

（3）常开端：继电器线圈未通电时继电器线圈未通电时处于断开状态的一端，称为常开端。

（4）常闭端：继电器线圈未通电时处于接通状态的一端称为常闭端。

（5）工作原理：电磁铁没有通电时，受到弹簧力作用，衔铁与电磁铁的

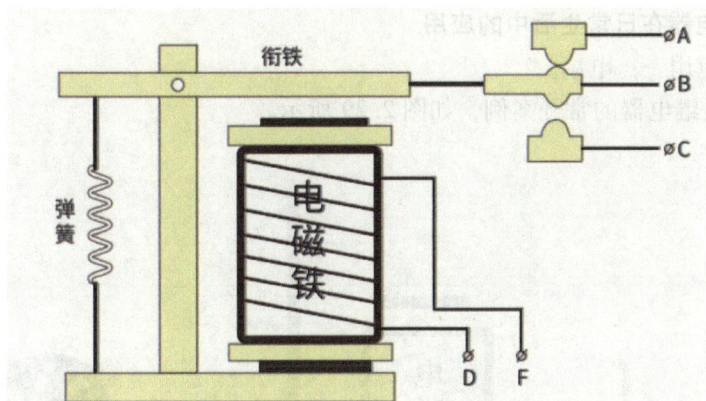

图 2.27　继电器工作原理标准版电路图

铁芯是分离的，触点 A 与触点 B 接触导通。电磁铁通电后，衔铁被电磁铁吸住，触点 A 将与触点 B 分离，然后与触点 C 接触导通。

1. 继电器的作用

根据继电器的概念与原理，我们知道，首先，继电器是一个电控开关。其次，继电器是电能和机械能之间的转化。最后，继电器能控制很多电路，甚至以小电流控制大电流，或者以直流电流控制交流电流。

🔵 **科技天地**

你应该知道的继电器知识。

2. 继电器的发明

19 世纪 30 年代，美国物理学家约瑟夫·亨利（如图 2.28 所示）在研究电路控制时利用电磁感应现象发明了继电器。最早的继电器是电磁继电器，它利用电磁铁在通电和断电下磁力产生和消失的现象，来控制高电压、高电流的开合，它的出现使得电路的远程控制和保护等工作得以顺利进行。继电器是人类科技史上的一项伟大发明创造，它不仅是电气工程的基础，也是电子技术、微电子技术的重要基础。

图 2.28　约瑟夫·亨利

3. 继电器在日常生活中的应用

（1）应用一：电扇。

电扇是继电器的常开案例，如图 2.29 所示。

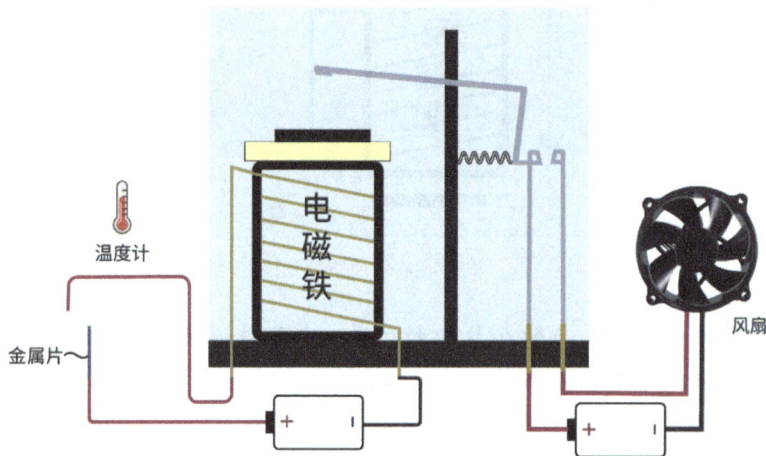

图 2.29　继电器应用一：电扇

（2）应用二：水泵和蓄水池。

水泵和蓄水池是继电器的常闭案例，如图 2.30 所示。水未满池时，水泵在常闭电路中持续工作；水满之后，浮漂带动线圈通电，常闭点断开，水泵停止工作。

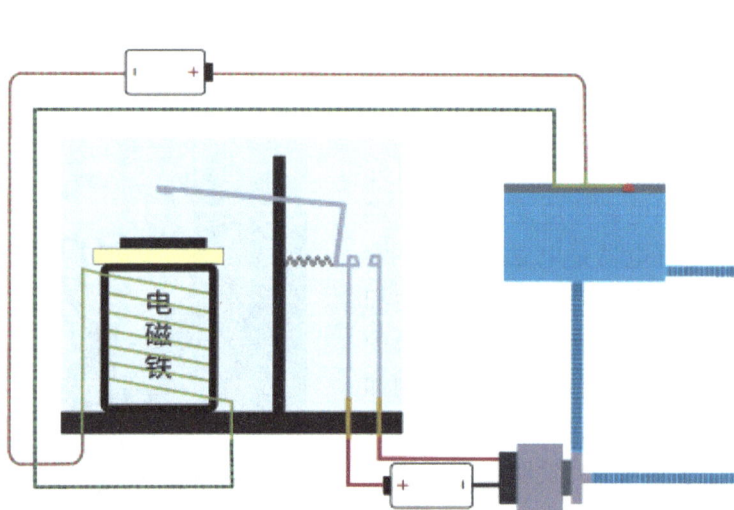

图 2.30　继电器的应用二：水泵和蓄水池

（3）应用三：电梯。

电梯是插销式继电器的应用案例，如图 2.31 所示。

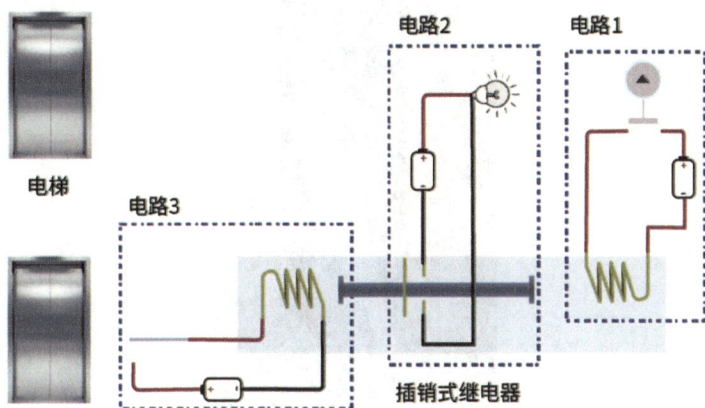

图 2.31　继电器的应用三：电梯

◉ 想一想

　　根据继电器控制电梯运行的原理图，思考继电器是如何工作的。

▶ 实践探究

面包板系列

（1）材料：面包板 1 个、导线 1 盒、继电器 2 个、开关 1 个、LED 灯 2 个、电阻 2 个、电池盒 1 个、电池 4 个。

（2）实验：按照下面步骤分别进行实验。

①实验一：拆解面包板，认识结构，如图 2.32 所示。

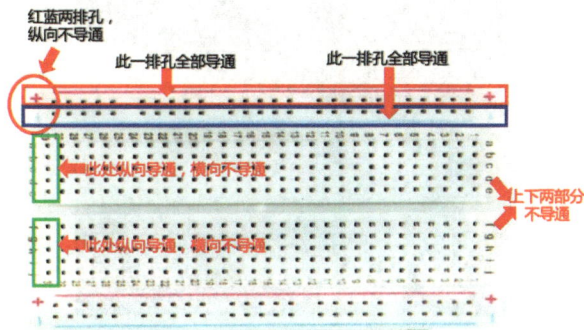

图 2.32　面包板结构

②实验二：使用万用表，如图 2.33 所示。

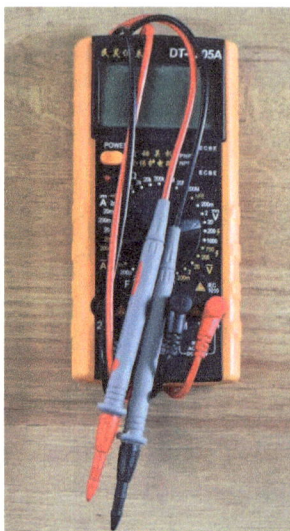

图 2.33　万用表

任务：

a. 调整电压，使之小于 9 V；

b. 小组互测，使用万用表测对面组的电压是否符合要求；

c. 测量电阻值。

③实验三：点亮一个小灯。

材料：5 V 电源（4 个）、面包板、LED 小灯、导线、电阻。

步骤：

a. 按照电路图（如图 2.34 所示）搭建电路。

b. 观察结果。

图 2.34　电路图

④实验四：用开关控制小灯。

材料：5 V 电源（4 个）、面包板、LED 小灯、导线、电阻。

步骤：

a. 按照电路图（如图 2.35 所示）搭建电路。

b. 观察结果（如图 2.36 所示）。

图 2.35　电路图

图 2.36　结果图

继电器系列

（1）材料：面包板、继电器、导线、电源、LED、电阻、开关。

（2）实验：按照下面步骤分别进行实验。

①实验一：继电器 – 常闭电路。

常闭回路连接，点亮 LED，并用万用表测量发光二极管（LED）两端电压 U 和回路中电流（I）。

步骤：

a. 认识继电器的管脚，1 和 3 是常闭回路，4 和 6 是常开回路，如图 2.37 所示。

b. 将继电器插入面包板，并记下各个管脚的位置，便于连接，如表 2.6 所示。

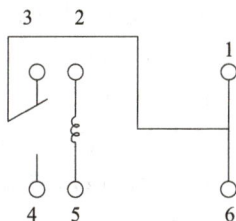

图 2.37　继电器管脚

表 2.6　管脚位置记录表

继电器管脚	面包板位置
管脚 1	举例：5 下
管脚 2	
管脚 3	
管脚 4	
管脚 5	
管脚 6	

c. 将高电平（红色任意洞）接入继电器管脚 3，并将 LED 连接在管脚 1 和继电器管脚外的合适管脚中间，并将电阻连接在 LED 和地（蓝色任意洞）之间，观察是否点亮 LED。

思考：为什么放置一个电阻？

d. 用万用表测量 LED 两端电压和回路中的电流，并记录（如表 2.7 所示）。

表 2.7　电压电流记录表

实验次数	电阻	LED 电压	回路电流
1			
2			
3			
4			

思考：观察 LED 的电压变化，得出什么情况下 LED 会点亮。想一下为什么二极管能表达 "0" 和 "1"？

②实验二：继电器 – 常开电路。

步骤：

a. 将连接常闭电路管脚 3 高电平（红色洞）的导线取下，连接管脚 4 与高电平（红色洞）。

b. 将 LED 连接在管脚 6 和继电器管脚外的合适管脚中间，并将电阻连接在 LED 和地（蓝色任意洞）之间，观察是否点亮 LED。

c. 将继电器的管脚 2 与高电平（红色洞）连接，将管脚 5 经开关接地（蓝色任意洞）。

d. 按下开关，观察 LED 是否点亮，松开开关是否熄灭，同时是否听到磁铁吸附开关拨片的声音。

e. 测量线圈电路的电流，填写 I = ____。

思考：无论输出端控制什么类型的电器，如灯、开关、家用电器、大型机床设备，线圈电流是否会发生变化？

⊙想一想

继电器如何实现逻辑电路？

2.2.3　继电器实现逻辑电路

利用继电器的特性可以实现简单逻辑 "与" 或 "非" 门电路，如图 2.38

所示。使用开关控制，将"关"和"开"分别作为输入"0"和"1"，接通常开回路，实现继电器之间的串联和并联。两个继电器的开关都闭合才能点亮 LED 灯，则视为逻辑"与"；两个继电器的开关分别闭合均能点亮 LED 灯，则视为逻辑"或"；不按开关，LED 灯亮，按开关，LED 灯熄灭，视为逻辑"非"。

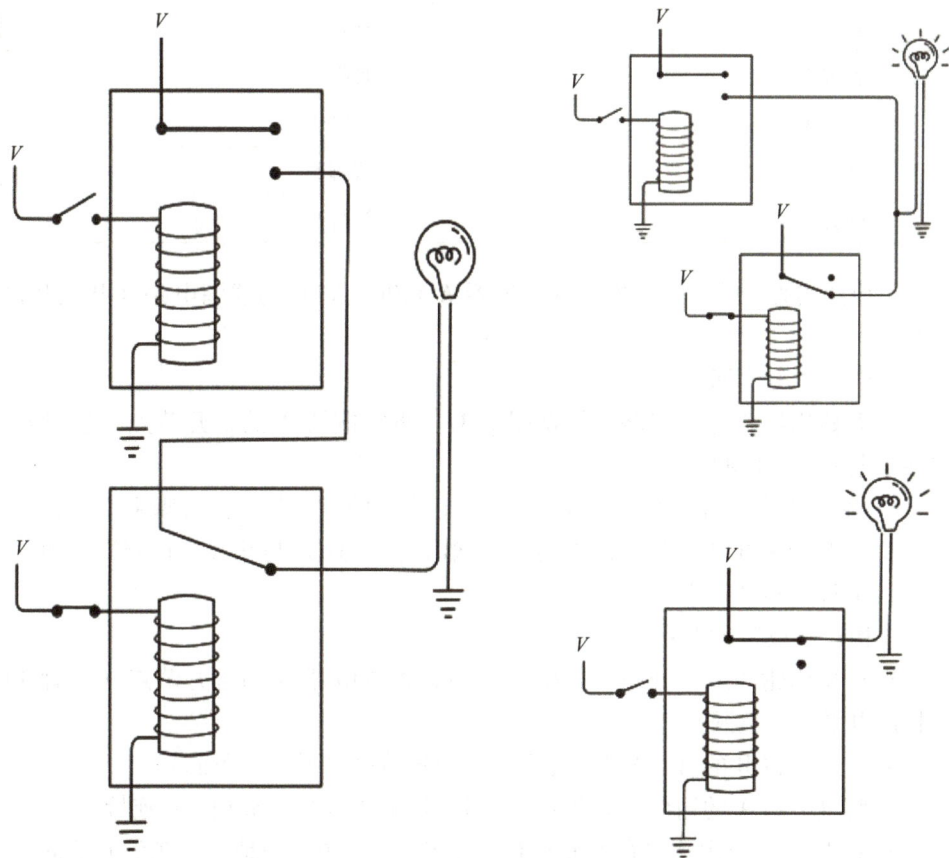

图 2.38　继电器实现逻辑电路

> ► **实践探究**

继电器实现逻辑电路

（1）材料：面包板、继电器、导线、电源、LED、电阻、开关。

（2）实验：按照下面步骤完成实验。

（3）步骤：

①在面包板上布置继电器 A 和继电器 B，记录好管脚在面包板上的位置，如表 2.8 所示。

表 2.8　管脚记录表

继电器 A	面包板位置	继电器 B	面包板位置
管脚 1	举例：5 下	管脚 1	
管脚 2		管脚 2	
管脚 3		管脚 3	
管脚 4		管脚 4	
管脚 5		管脚 5	
管脚 6		管脚 6	

②根据实验一的方法，连接好继电器 A 和继电器 B 的线圈电路（开关和接线）。

③构建"与"回路：

a. 开始构建"与"回路。根据图 2.37，将继电器 A 的常开节点（管脚 4）连接高电平（红色洞）。

b. 将继电器 A 的输出（管脚 6）与继电器 B 的常开节点（管脚 4）连接。

c. 将 LED 和电阻连接在继电器 B 的输出（管脚 6）与地（蓝色洞）之间。

d. 验证逻辑"与"。

④构建"或"回路：

a. 开始构建"或"回路。根据图 2.37，将继电器 A 的常开节点（管脚 4）连接高电平（红色洞）。

b. 将继电器 B 的常开节点（管脚 4）也连接高电平（红色洞）。

c. 将继电器 A 的输出（管脚 6）与继电器 B 的输出（管脚 6）连接。

d. 将 LED 和电阻连接在继电器 B 的输出（管脚 6）与地（蓝色洞）之间。

e. 验证逻辑"或"。

⑤构建"非"回路：

a. 将继电器的常闭结点（管脚 2）连接高电平（红色洞）。

b. 将 LED 和电阻连接在继电器的输出（管脚 6）与地（蓝色洞）之间。

c. 验证逻辑"非"。

知识小总结

1. 继电器概念

继电器是一种电控制器件，是当输入量的变化达到规定要求时，在电气输出电路中使被控量发生预定的阶跃变化的一种电器。

2. 继电器原理

继电器里面分为两阶电路：一阶是控制电路，输入控制；二阶是输出电路，是执行部分。一阶电路提供各种控制器件，如开关；在二阶电路里有各种执行的元件，如电扇、电灯、电梯等。

3. 继电器应用

常开案例：电扇。常闭案例：水泵和蓄水池。插销式案例：电梯。

4. 继电器实现逻辑电路

利用继电器的特性可以实现简单逻辑"与""或""非"门电路。使用开关控制，将"关"和"开"分别作为输入"0"和"1"，接通常开回路，实现继电器之间的串联和并联。两个继电器的开关都闭合才能点亮 LED，则视为逻辑"与"；两个继电器的开关分别闭合均能点亮 LED，则视为逻辑"或"；不按开关LED 亮，按开关 LED 则熄灭，视为逻辑"非"。

挑战任务

请思考：

（1）常开回路和常闭回路在生活中有什么应用？

（2）LED 发光二极管两端的电压可以无限小吗？如果低到一定值以下，会出现什么现象？二极管还会发光吗？

（3）二极管的亮度与什么有关？如何让它变得更亮？

（4）为什么晶体管（二极管、三极管等）可以作为组成计算机的元件，但是电阻（滑动变阻器）不能？

2.3　电子管

学一学

了解电子管。

继电器、电子管、晶体管

我们之前所学的继电器（如图 2.39 所示）其实在我们现在的生活中很少被使用了，因为继电器很慢，而且磨损很快。

能不能有一种电路元件只有一个原子运动还能耐磨呢？

答案是"能"，这个电路元件就是电子管（外面有一层玻璃保护，如图 2.40 所示）。但电子管体积大，容易烧坏。

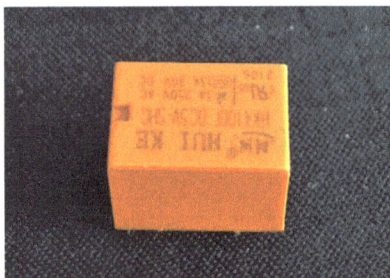

图 2.39　继电器

图 2.40　电子管

那怎么办呢？

不用担心，晶体管（也是我们现实生活中最常用的电路元件，如图 2.41 所示）出现了。晶体管体积小，并且由半导体做成，耐磨耐烧。

图 2.41　晶体管

2.3.1　了解电子管

电子管的发明要从爱迪生效应说起。爱迪生在发明电灯泡时，灯丝很容易烧断，寿命很短。为了延长灯泡的使用寿命，爱迪生突发奇想，在灯泡内封入一根铜线，放在灯丝的上面，本来想用来阻止灯丝蒸发，延长灯泡寿命。经过反复试验，灯丝蒸发并没有得到很好的改善，但他却发现了一个奇怪的现象，灯丝加热后，铜线上竟有微弱的电流通过。铜线与灯丝没有物理连接，哪里来的电流呢？难道电流会在空中飞不成？但是他没有过多考虑，只是当时做了知识产权保护，因此才有了"爱迪生效应"（如图 2.42 所示）。

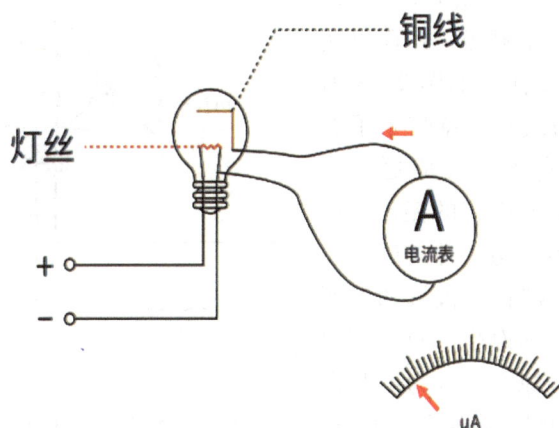

图 2.42　爱迪生效应

1904 年，即"爱迪生效应"被发现之后的 20 年，英国物理学家弗莱明在此基础上，在铜线上加上了正电压，发现电流大大增加了。正是因为加上电源后，铜线带正电，电子带负电，正负相吸，铜丝对电子更有吸引力，所以电流会增加，这也就是高电平为 1 时，电流会通过；相反，如果负极接到铜线上，低电平接入的时候，无电流。因此第一个电子二极管诞生了（如图 2.43 所示），这也是第一次将高电平和低电平与电信号控制进行的关联。

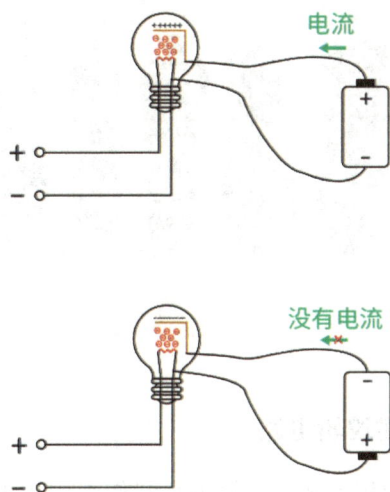

图 2.43　真空二极管的诞生

　　1906 年，贫困潦倒的美国发明家德福雷斯特，在二极管的灯丝和板极之间巧妙地加了一个栅板，从而发明了第一只真空三极管（如图 2.44 所示）。这一小小的改动，竟带来了意想不到的结果。它不仅反应更为灵敏、能够发出音乐或声音的振动，而且集检波、放大和振荡三种功能于一体。因此，许多人都将三极管的发明看作电子工业真正的诞生起点。德福雷斯特自己也非常惊喜，认为"我发现了一个看不见的空中帝国"。电子管的问世，推动了无线电电子学的蓬勃发展。

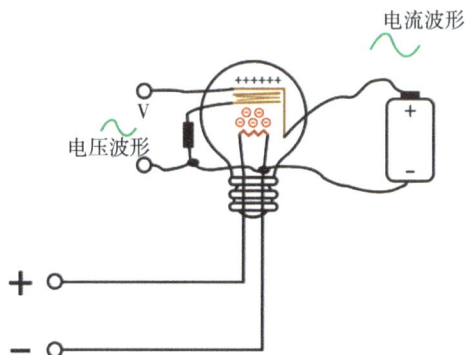

图 2.44　真空三极管

　　电子管的简介：电子管是一种电子放大器，常被封在玻璃管内，使其保持真空环境，所以又称真空管。

　　电子管的作用：对电子调制器发出信号，扩大音响的音频功率。

　　电子管的缺点：体积大、功耗高、寿命短。

　　电子管的现状：已经被晶体管替代。

　　电子管的种类：种类繁多（如图 2.45 所示）。

图 2.45　不同种类的电子管

2.3.2　电子管搭建逻辑电路

　　学了这么多电子管的相关知识，接下来我们来应用电子管，动手实践一下，用电子管搭建逻辑电路。

▶ **实践探究**

电子管搭建逻辑电路

（1）材料：面包板 1 个、导线 1 盒、电子管 1 个、电阻 1 个、电池 2 个、电压表 1 个。

（2）步骤：

①按照图 2.46 搭建逻辑电路，实现与门和或门。

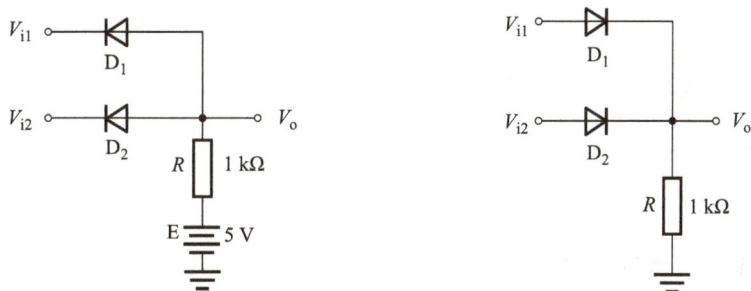

图 2.46　与门和或门

②分析并完成实验记录表（如表 2.9 所示）。

表 2.9　实验记录表

序号	V_{i1}	V_{i2}	V_o	R	I
1					
2					
3					

　　或门中当输入 V_{i1} 或 V_{i2} 中有任何一个为 5 V 时，则其对应的二极管导通。当输入 V_{i1} 和 V_{i2} 都为 0 时，二极管截止，V_o 为 0 V。

　　与门的分析也比较简单，当输入 V_{i1} 和 V_{i2} 都为 5 V 时，两个二极管都截止，输出 V_o 为与下面 E 提供的 5 V。当输入 V_{i1} 和 V_{i2} 中有任何一个为 0 V 时，其对应的二极管会导通。

■ ## 2.4　二极管原理与逻辑电路搭建

　　除了 2.2 节中的继电器，还有一些电子元器件可以实现逻辑电路，就是二极管和三极管（如图 2.47 所示）。其中二极管和继电器一样，也是 ENIAC 的组成部分。

本节学习二进制的第二种实现手段：二极管。

图 2.47　二极管与三极管

2.4.1　二极管原理

二极管是一个电子元器件，由阳极和阴极组成（如图 2.48 所示）。其最大特性为单向导电，即电流只可以从二极管的一个方向流过。

Anode　　　　　　　　Cathode
阳极　　　　　　　　　阴极

图 2.48　二极管的阳极和阴极

理想的二极管在正向导通时两个电极（阳极和阴极）间拥有零电阻，而反向时则有无穷大电阻，即电流只允许由单一方向流过二极管（如图 2.49 所示）。

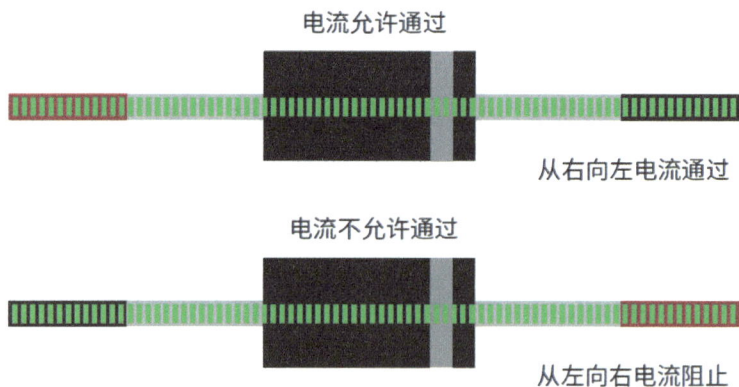

电流允许通过

从右向左电流通过

电流不允许通过

从左向右电流阻止

图 2.49　二极管单向导电

可以通过水流和阀门的示意图来理解二极管单向的特性，如图 2.50 和图 2.51 所示。

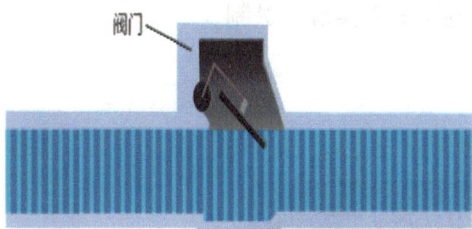

图 2.50　阀门打开时的水流　　　图 2.51　阀门关闭时的水流

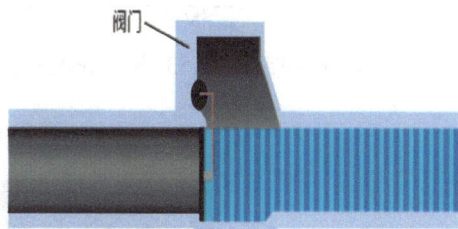

⊙ **想一想**

二极管与二进制有什么关系？

图 2.52 可解释二极管与二进制的关系。二极管正偏导通时，灯泡点亮，表示为 1；二极管反偏时，灯泡熄灭，表示为 0。因此可以像开关一样根据电流方向来实现 0 或者 1。

正偏点亮，点亮为 1

反偏熄灭，熄灭为 0

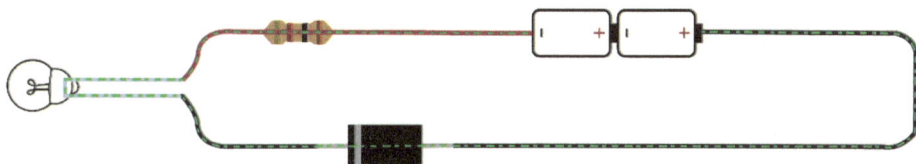

图 2.52　二极管与二进制关系

动手动脑

二极管可在不改变方向的情况下实现二进制

（1）按照图 2.53 搭建好电路。

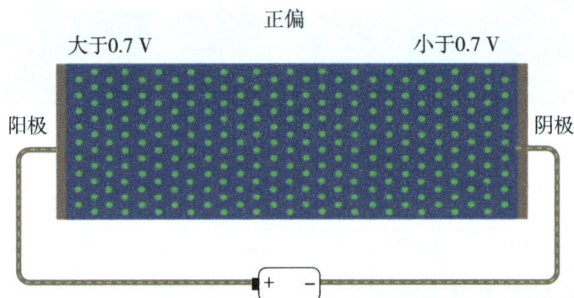

正偏

大于0.7 V   小于0.7 V

阳极   阴极

$+$ $-$

图 2.53 二极管实现二进制

（2）思考问题：如图 2.54 所示，导通电压是多少？二极管的哪个状态是"0"？哪个状态是"1"？

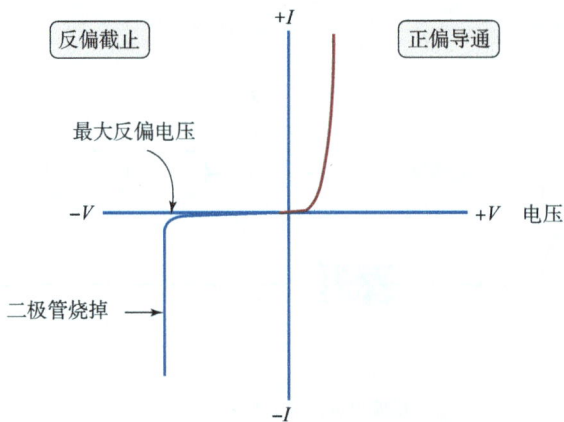

反偏截止 $+I$ 正偏导通

最大反偏电压

$-V$ $+V$ 电压

二极管烧掉

$-I$

图 2.54 二极管正反偏电压电流变化

实践探究

感受二极管的"0"和"1"

（1）材料：面包板 1 个、导线 1 盒、发光二极管 1 个、LED 灯 1 个、电阻 1 个、电池 2 个、电压表 1 个。

（2）步骤：

①按照图 2.55 搭建好电路。

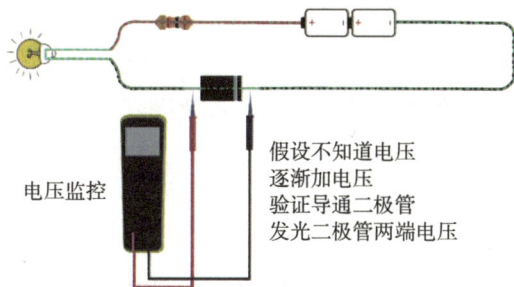

图 2.55 感受二极管的"0"和"1"

（2）逐步加电压，从 0.3 ~ 0.8 V，观察电压为_____时二极管会导通，这也就是"0"和"1"。

⊙想一想

二极管如何实现逻辑电路？

2.4.2 二极管搭建逻辑电路

假设导通电压为 0.7 V。3 V 及以上代表高电平，0.7 V 及以下代表低电平，根据图 2.56 和图 2.57 情况具体分析如下。

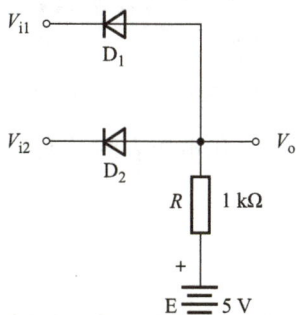

图 2.56 二极管实现逻辑"与"
电路图

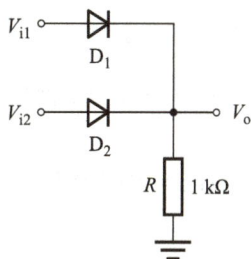

图 2.57 二极管实现逻辑"或"
电路图

（1）$V_{i1} = V_{i2} = 0$ V 时，D_1 和 D_2 都截止，此时 $V_o = 0$ V。

（2）当 V_{i1} 和 V_{i2} 一高一低时，假设 $V_{i1} = 3$ V，$V_{i2} = 0$ V，这时先从 D_1 开始分析，D_1 会导通，$V_o = 2.3$ V，那么 D_2 由于右边是 2.3 V，左边是 0 V，所以会反偏

截止，因此最后 $V_o = 2.3$ V。$V_{i1} = 0$ V，$V_{i2} = 3$ V 时同理。

（3）$V_{i1} = V_{i2} = 3$ V，D_1 与 D_2 都会正偏，$V_o = 2.3$ V。

练一练

请同学们自己分析逻辑"与"的电压情况。

实践探究

二极管实现逻辑"或"、逻辑"与"

（1）材料：面包板、二极管、导线、开关、电源、电压表等电路元件。

（2）步骤：

①按照图 2.58 和图 2.59 搭建电路。

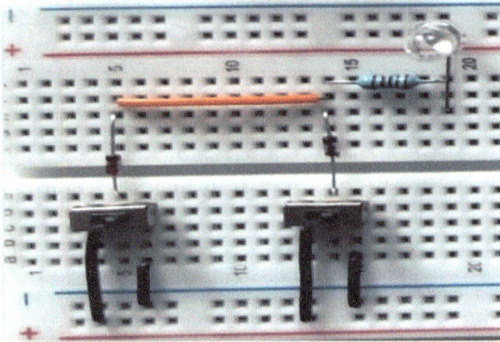

图 2.58　二极管实现逻辑"或"实物图　　　图 2.59　二极管实现逻辑"与"实物图

②根据原理解析的几种情况，分别调整 V_{i1} 和 V_{i2}，用电压表测量 V_o 的值并记录下来。

或门实验记录表如表 2.10 所示。

表 2.10　或门实验记录表

V_{i1}	V_{i2}	V_o

与门实验记录表如表 2.11 所示。

表 2.11　与门实验记录表

V_{i1}	V_{i2}	V_o

■ 2.5　三极管原理与逻辑电路搭建

2.5.1　三极管的概念

晶体管有两种，本节主要讨论的是双极型晶体管，也就是通常的三极管，如图 2.60 所示。晶体管三极分别为发射极、基极和集电极。

三极管的作用：一个是实现开关的功能，间接实现了"0"和"1"，如图 2.61 所示；另一个是放大或控制，小信号控制大信号，直流控制交流，如图 2.62 所示。

1 Emitter(发射极)
2 Base(基极)
3 Collector(集电极)

图 2.60　晶体管三极

实现开关"0"和"1"

图 2.61　三极管的作用：实现开关

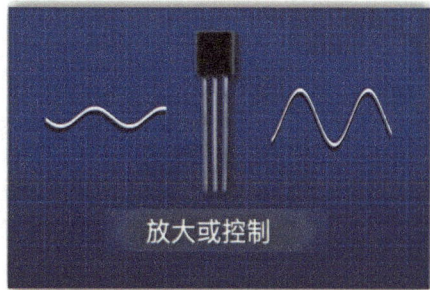

放大或控制

图 2.62　三极管的作用：放大或控制

2.5.2　三极管的原理

三极管共有三种状态，分别为截止、放大和饱和。我们还是以水管和阀门为例来解释。

图 2.63 能解释三极管的截止状态，当水流不够大，不足以推动滑动门时，没有水流流出，三极管的输入为 0，输出为 0。

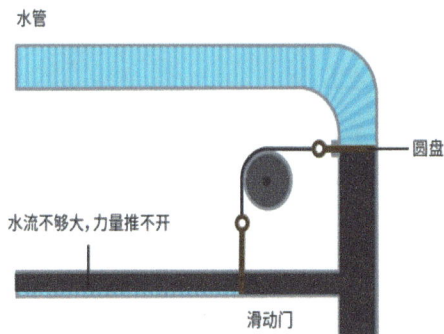

图 2.63　三极管的截止状态

图 2.64 能解释三极管的放大状态，当水流刚刚能够推动滑动门时，有少量水流流出，但是主水管就有很多水可以流出，这就是一个小控制大的作用，即放大状态。放大量是由主水管直径是控制水管直径的倍数决定的，即放大电流的倍数。

图 2.65 能解释三极管的饱和状态，当水流完全推开滑动门的时候，圆盘被完全打开，以后无论控制水管水流多大，主水管的水流都不变，这就是饱和状态。

图 2.64　三极管的放大状态

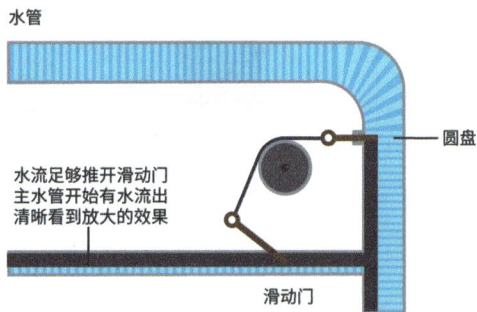

图 2.65　三极管的饱和状态

想一想

三极管与二进制有什么关系？

三极管与二进制的关系：当电路和三极管完全串联好后，基极无电压，状态为"0"，电路无法导通，灯泡不亮，如图 2.66 所示；基极提供电压，状态为"1"，电路导通，灯泡点亮，如图 2.67 所示。

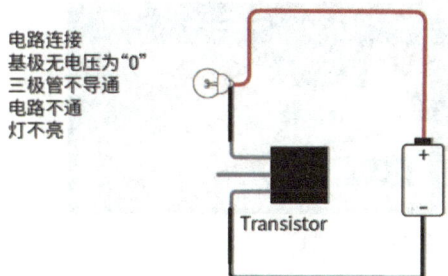

电路连接
基极无电压为"0"
三极管不导通
电路不通
灯不亮

Transistor

基极提供电压为"1"
三极管导通
电路导通
电灯点亮

Transistor

Transistor

图 2.66　三极管不导通时　　　　　　图 2.67　三极管导通时

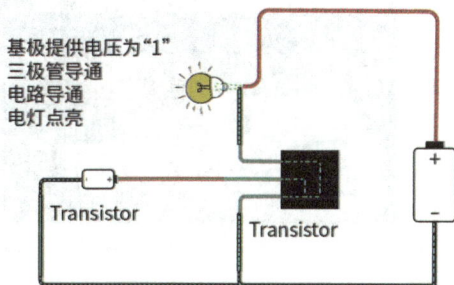

生活中的晶体管：生活中晶体管的应用有麦克风、扬声器和电压控制开关等，如图 2.68 和图 2.69 所示。

ON

OFF

图 2.68　麦克风和扬声器　　　　　图 2.69　电压控制开关

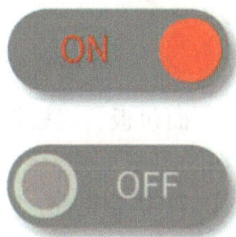

● **实践探究**

感受三极管的"0"和"1"

（1）材料：直流信号发生器、面包板 1 个、导线 1 盒、三极管 1 个、LED 灯 1 个、电阻 1 个、直流电池 1 个。

（2）步骤：

①按照图 2.70 搭建好电路。

②分别用 0.5 V、0.6 V、0.7 V 和 0.8 V 电压加在基极上，观察 LED 灯的亮度。

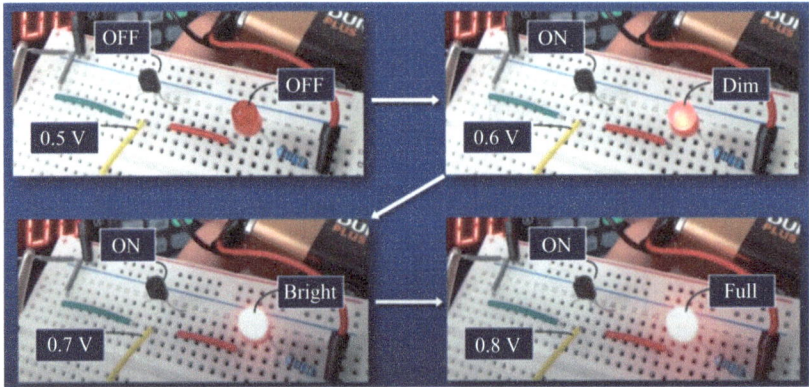

图 2.70   感受三极管的"0"和"1"

2.5.3   三极管搭建逻辑电路

学了这么多三极管的相关知识，接下来我们应用三极管动手实践一下，用三极管搭建逻辑电路。

⊙ **实践探究**

三极管实现逻辑"与""或""非"

（1）材料：面包板、三极管、导线、开关、电源、电压表等电路元件。

（2）步骤：

①按照图 2.71 搭建电路。

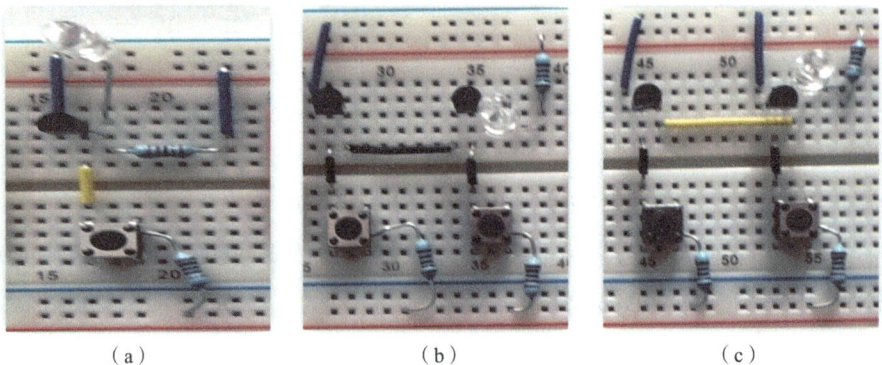

（a）   （b）   （c）

图 2.71   三极管实现逻辑电路的实物图

（a）逻辑"非"；（b）逻辑"与"；（c）逻辑"或"

②分别调整 V_{i1} 和 V_{i2}，用电压表测量 V_o 的值并记录下来。

非门电压记录表如表 2.12 所示。

表 2.12　非门电压记录表

V_{i1}	V_o

与门电压记录表如表 2.13 所示。

表 2.13　与门电压记录表

V_{i1}	V_{i2}	V_o

或门电压记录表如表 2.14 所示。

表 2.14　或门电压记录表

V_{i1}	V_{i2}	V_o

▶ 知识小总结

1. 二极管

二极管是一个电子元器件，由阳极和阴极组成。它最大的特性就是单向导电，即电流只可以从二极管的一个方向流过。

二极管正偏导通时，灯泡点亮，表示为"1"；二极管反偏时，灯泡熄灭，表示为"0"。因此可以像开关一样根据电流方向来实现"0"或"1"。

2. 三极管（晶体管）

晶体管通常有三个极，分别为发射极、基极和集电极。

晶体管的作用：一个是实现开关的功能，另一个是放大和控制。

晶体管通常有三种状态：截止、放大和饱和状态。

当电路和三极管完全串联好后，基极无电压，状态为"0"，电路无法导通，灯泡不亮；基极提供电压，状态为"1"，电路导通，灯泡点亮。

挑战任务

思考：

（1）二极管和三极管在生活中还有哪些应用？

（2）二极管和三极管是否可以搭建组合逻辑电路？

第 **3** 章
系统思维

系统思维是通过抽象将模块组合成系统，且无缝执行计算的过程。系统思维的要点是通过巧妙地定义和使用计算抽象，将部件组合成计算系统。

本章通过探究机械式计算机和电子计算机等内容，使读者充分理解系统思维。

■ 3.1 系统思维导论

3.1.1 计算机发展历史

人类文明的发展离不开计算工具的不断演化和革新。纵观计算机发展的过去、现在和未来，从早期用于计算的算筹，到之后的机械式计算装置、机电式计算装置、电子管计算机、晶体管计算机、集成电路计算机和未来计算机，不难看出系统思维在推动技术进步和社会革新进程中的重要影响。

计算机发展历史如图 3.1 所示。

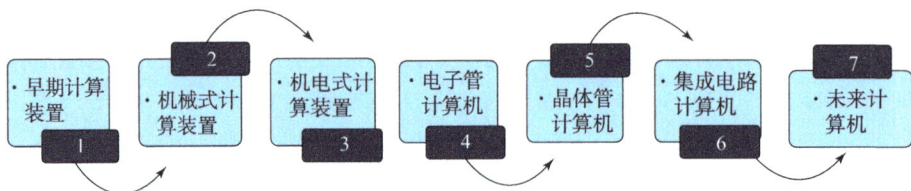

图 3.1　计算机发展历史

3.1.2　早期计算装置

1. 算筹

根据史书的记载和考古资料的发现，古代的算筹（如图3.2所示）是一根根同样长短和粗细的小棍子，一般长 13～14 cm，直径为 0.2～0.3 cm，多用竹子制成，也有用木头、兽骨、象牙、金属等材料制成的，大约270枚为一束，放在一个布袋里，系在腰部随身携带，需要计数和计算的时候就把它们取出来。

图 3.2　古代的算筹

算筹计数法可通过纵式和横式两种排列方式来表示单位数目，其中 1～5 分别以纵横方式排列相应数目的算筹来表示，6～9 则分别以上面的算筹加上下面相应的算筹来表示，这种表示方式是基于十进位制的需要，如图3.3所示。

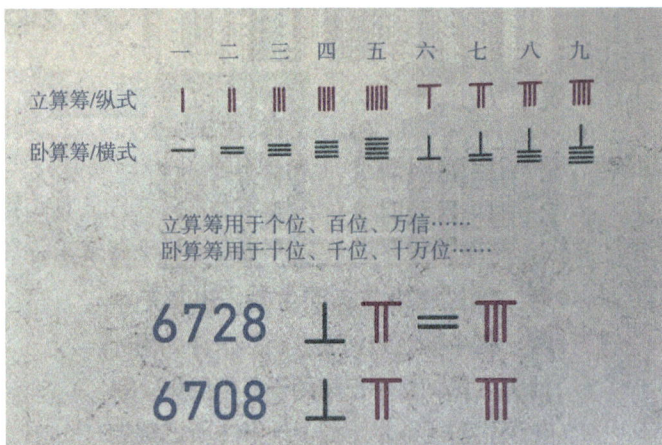

图 3.3　算筹计数法

2. 算盘

算盘（如图 3.4 所示）是在改进算筹过程中产生的，起源于中国，迄今已有 2 000 多年的历史。算盘的上珠代表 5，下珠代表 1，从右至左代表了十进位的

图 3.4 算盘

个、十、百、千、万等位数。算盘加上一套珠算口诀，就可以进行加减乘除的基本运算了，甚至可以完成开多次方等复杂的运算。

3. 计算尺

1620 年，英国数学家埃德蒙麦·甘特把对数刻在一把尺子上，各个数的位置与其对数值成比例，这便是计算尺，如图 3.5 所示。用一把两脚规量出尺子的起点到第一个数的距离，然后使两脚规张开角度保持不变，把一只脚移到第二个数的位置上，另一只脚所指示的位置就对应于两段距离之和，此位置上的读数就是两数相乘的结果。

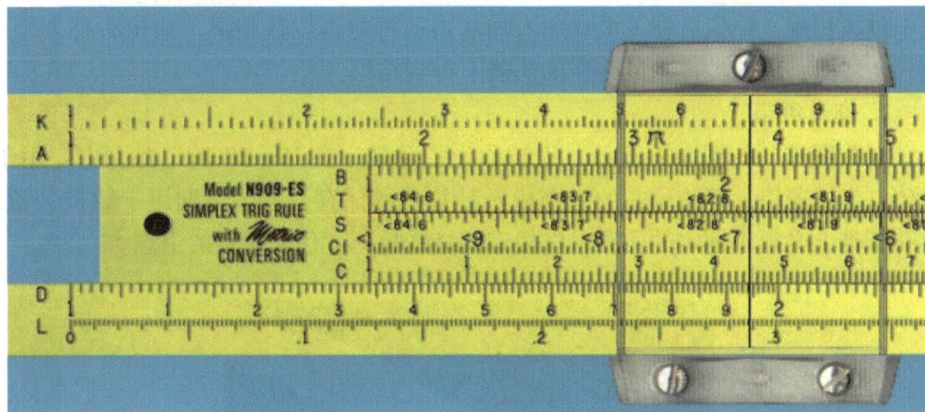

图 3.5 计算尺

中国历史上最早使用计算尺的是康熙皇帝，他使用的是一把象牙制的甘特式计算尺。阿波罗登月任务中，飞船上也备着计算尺，以备不时之需。邓稼先、郭永怀、于敏攻克"两弹一星"也用到了计算尺。

3.1.3 机械式计算装置

1. 计算钟

计算钟支持 6 位整数计算，主要分为加法器、乘法器和中间结果记录装置（保存结果）三个部分，虽然集成在同一台机器上，但相互之间没有任何物理关

联。当计算组结果超出 6 位数时，机器会发出响铃警告，所以其被称为计算钟，如图 3.6 所示。

图 3.6　计算钟

由于乘法器单独只能做多位数与一位数的乘法，因此加法器通常还需要配合乘法器完成多位数相乘。被乘数先与乘数的个位相乘，乘积置入加法器；再与乘数十位数相乘，乘积后补 1 个 0 加入加法器；再与百位数相乘，乘积后补 2 个 0 加入加法器；以此类推，最终在加法器上得到结果。

2. 穿孔纸带

穿孔纸带（如图 3.7 所示）也被称为指令带，在 19—20 世纪时，主要用于电传打字机通信、可编码式的织布机及计算机的储存介质，后期用于数控装置。穿孔纸带上必须用规定的代码，以规定的格式排列，代表规定的信息。

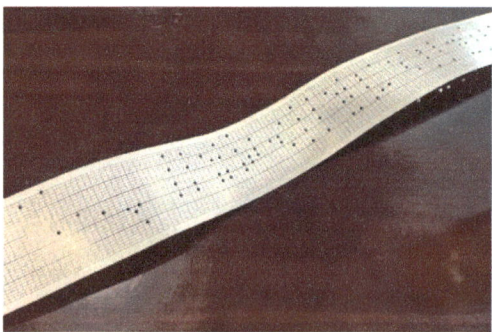

图 3.7　穿孔纸带

穿孔纸带是"程序控制机器"思想的萌芽，实现了编制图案以二进制存储在穿孔纸带上，且能被机器自动读出内容并按内容完成任务。改进后的穿孔纸带被广泛应用于早期的计算机交互与数据存储中。

3.1.4　机电式计算装置

图灵机有一条无限长的纸带，被分成许多的小方格，是一个包含内部状态和固定程序的机器头在纸带上移动的装置，如图 3.8 所示。用纸笔进行数学运算的过程，可视为两种简单的动作：

（1）机器头从当前纸带上读入一个方格信息，结合内部状态查找程序表，根据程序表在纸上写上或擦除某个符号。

（2）转换内部状态，把机器头从纸的一个位置移动到另一个位置。

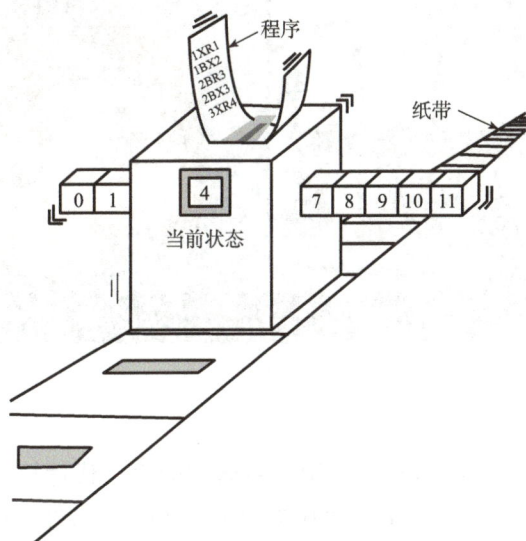

图 3.8　图灵机

3.1.5　电子管计算机

1. ENIAC

ENIAC（如图 3.9 所示）能进行每秒 5 000 次的加法运算、400 次的乘法运算，还能进行平方和立方运算，计算正弦和余弦等三角函数的值及其他一些更复杂的运算。原来需要 20 多分钟才能计算出来的一条弹道，现在只要短短的 30 s。

图 3.9　ENIAC

2. ENIAC 的前生今世

1955 年 10 月 2 日,运行了近 10 年的 ENIAC 正式退役,如今,其部件散藏于宾夕法尼亚大学、美国陆军军械博物馆、美国计算机历史博物馆、史密森学会等多家博物馆、高校和机构。

现如今集成电路水平已经能够将 ENIAC 占地 167 m^2,18 000 个电子管、7 万个电阻、1 万个电容和 1 500 个继电器的庞然大物,替代为手指大小的半导体芯片了,这些芯片为未来计算机的出现奠定了基础(如图 3.10 所示)。

ENIAC Computer, 1947   Silicon Chip, 1996

图 3.10　ENIAC 的前生今世

3. 103 机

103 机(如图 3.11 所示)是我国自主研制的第一代计算机,使用了 700 多个电子管、2 000 个二极管、1 万个阻容元件、400 个插件。103 机试制工作从 1957 年下半年正式开始,1958 年 8 月 1 日全部调机工作结束,同时当天成功运行了 4 条指令的短程序,宣告我国第一台电子管数字计算机诞生。

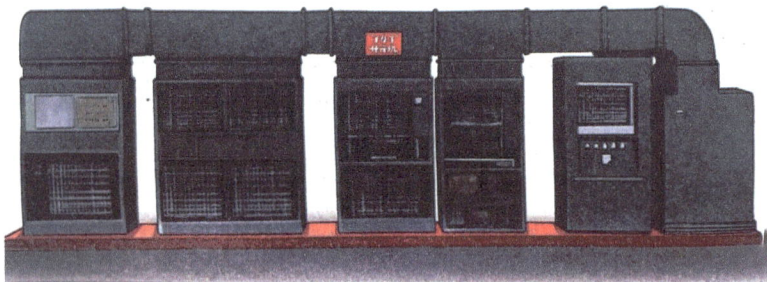

图 3.11　103 机

103 机完成过核武器、航空航天等研究领域多项计算任务,也在高校参与教学任务,培养专业学生数千人,在我国计算机历史上有重要意义。

4. 119 机

119 机（如图 3.12 所示）是我国第一台自行研制的大型通用电子数字计算机，在当时是世界上运行最快的电子管计算机之一。119 机完成过核武器和航空航天等研究领域多项计算任务，参与第一颗氢弹研制以及全国首次大油田实际资料动态预报等。

图 3.12　119 机

3.1.6　晶体管计算机

109 丙机（如图 3.13 所示）于 1967 年为发展"两弹一星"工程交付使用。109 丙机稳定可靠，性能良好。它参与了导弹、原子弹、氢弹、卫星等国家重点工程的研制，东方红一号人造卫星飞行轨道的计算，以及中国第一代核弹定型和发展的计算工作。

图 3.13　109 丙机

3.1.7　集成电路计算机

1. 曙光 4000A

曙光 4000A（如图 3.14 所示）是中国自主研发的超级计算机，2019 年正式
诞生，并成为当时全球排名第一的
超级计算机，代表了中国在高性能
计算领域的顶尖水平。它实现了每
秒 10 万亿次运算速度的技术和应
用的双跨越，成为国内计算能力最
强的"商品化超级计算机"。

曙光 4000A 在科学研究、工程
设计和人工智能等领域发挥着重要
的作用，在未来的发展中具有巨大
潜力。

2. 银河一号

银河一号（如图 3.15 所示）

图 3.14　曙光 4000A

是我国自行研制的第一台每秒运算亿次以上的巨型计算机。它填补了国内巨型计
算机的空白，使中国成为继美国、日本之后，第三个能独立设计和制造巨型计算
机的国家。

图 3.15　银河一号

　　银河一号在石油和地质勘探、中长期天气数值预报、卫星图像处理、核计算、大型科研项目、国防建设中都发挥了重要作用。

3. 神威·太湖之光

　　神威·太湖之光（如图 3.16 所示）是全球第一台运行速度超 10 亿亿次/s 的超级计算机，峰值达 12.54 亿亿次/s。它全部采用自主中国芯"申威 26010"众核处理器，其单芯片的计算能力相当于 3 台 2000 年全球排名第一的超级计算机。

图 3.16　神威·太湖之光

　　神威·太湖之光具有低耗能、高集成处理器、高效水冷技术的优点，全面实现了高效绿色节能。

3.1.8　未来计算机

1. 生物计算机

　　生物计算机（如图 3.17 所示）是一种新型的计算机技术，它使用生物分子和生物体系来进行计算和处理信息。与我们平常用的电脑不同，生物计算机利用了生物分子的特性来完成计算任务。

　　生物计算机可以用来保护环境和解决能源问题。它可以帮助人们开发出更高效的能源转换方式，利用生物体的能量转化和代谢特性来生产清洁能源，减少对环境的污染。

2. 光子计算机

　　光子计算机（如图 3.18 所示）是一种由光信号进行数字运算、逻辑操作、信息存储和处理的新型计算机。它由激光器、光学反射镜、透镜、滤波器等光学元件和设备构成，靠激光束进入反射镜和透镜组成的阵列进行信息处理，以光子代替电子，光运算代替电运算。我们可以把光子计算机比作一个"光之超级快车"，利用光的快速传输速度可以更快地完成计算任务。

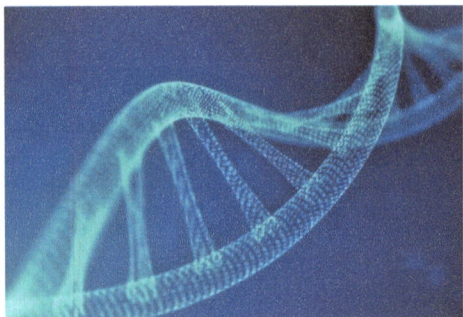

图 3.17   生物计算机

图 3.18   光子计算机

3. 量子计算机

量子计算机（如图 3.19 和图 3.20 所示）是一种超级厉害的计算机，使用了量子力学的原理来进行计算和处理信息。它像一个"神奇的魔法盒子"，可以帮助我们解决更复杂的数学问题。它还可以用于科学研究和发明创造，帮助科学家们更好地研究物质的特性和性质。

图 3.19   量子计算机（1）

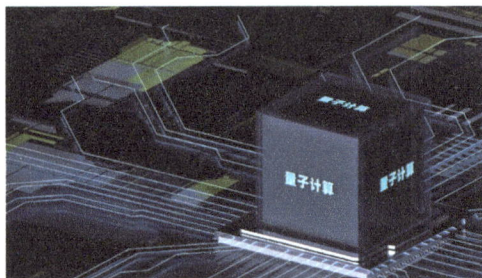

图 3.20   量子计算机（2）

4. 超导计算机

1962 年，布莱恩·约瑟夫森首先在理论上预言超导状态下库珀电子对的量子隧道效应，也因此获得了 1973 年诺贝尔物理学奖。超导数字电路的基本构成单元为约瑟夫森结，即在两个超导体之间加一层厚度不大于库珀电子对相干长度的绝缘体。当外加电流值超过超导体的临界电流 I 时，由于量子隧道效应，约瑟夫森电流会经过两个超导体，从而在两个超导体之间形成电势差 V（如图 3.21 所示）。

与传统的半导体数字电路相比，采用 2.0 um 超导集成电路工艺制造的器件，计算速度就能达到 20 nm 半导体集成电路工艺制造的器件，而其功耗却能降低 2~3 个数量级。

超导电路（如图 3.22 所示）带动超导探测器从单个器件发展至大规模阵列。超导探测器性能优异，但在集成过程中缺少数字读出电路的支持，使用超导逻辑器件实现超导探测器阵列的数字化读出。

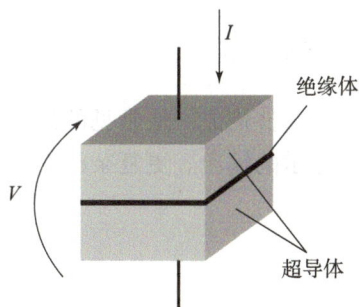

图 3.21　超导材料

图 3.22　超导电路

超导数字电路在超导量子计算机和类脑神经网络计算中具有应用潜力。除了应用于低功耗、高速度的超导计算机和超导逻辑器件，在其他新兴计算机架构中也能发挥优势。目前，国际上已有多个研究小组从事利用超导电子器件构建人工神经元的工作。

超导数字电路的核心在于基础逻辑器件的开发。与半导体集成电路工艺不同，超导集成电路工艺不是采用掺杂工艺，而是采用薄膜生长技术，类似三明结构。图 3.23 所示为一个 8 层金属铌工艺的电镜扫描图，结构中显示了约瑟夫森结层和布线层。

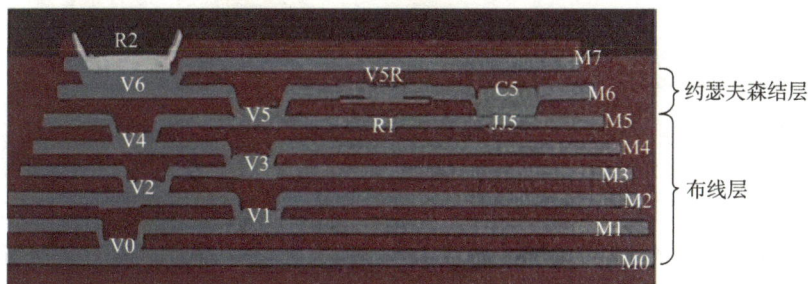

图 3.23　8 层金属铌工艺的电镜扫描图

超导计算机作为 21 世纪计算机的重要发展方向之一，正在吸引各国积极研究。当前，超导计算机的概念已被广泛提及，但超导计算机距离大规模应用还有很长一段路要走。虽然需要解决的问题还很多，但超导计算机的研究无疑可以为计算机技术发展提供新的思路。

■ 3.2 机械式计算机

◎ **想一想**

用齿轮/钢铁或者木头是否能够搭建出可以计算的装置？

机械式计算机由杠杆、齿轮等机械部件而非电子部件构成。最常见的例子是加法器和机械计数器，它们使用齿轮的转动来增加显示的输出。更复杂的例子是可以进行乘法和除法运算。

3.2.1 纳皮尔算筹

纳皮尔算筹又叫"纳皮尔计算尺"，它是由 10 根木条组成的，每根木条上都刻有数码，右边第一根木条是固定的，其余的都可根据计算的需要进行拼合或调换位置，如图 3.24 所示。纳皮尔是把格子乘法里填格子的工作事先做好，需要哪几个数字时，就将刻有这些数字的木条按格子乘法的形式拼合在一起。纳皮尔筹与中国的算筹在原理上大相径庭，它已经显露出对数计算方法的特征。

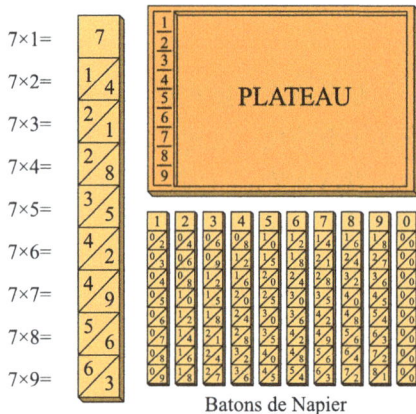

图 3.24 纳皮尔算筹

动手动脑

使用材料制作纳皮尔算筹，并使用纳皮尔算筹完成挑战题目。

挑战题目：计算 $6\,785 \times 8 = ?$

第一步：取出 6 号、7 号、8 号和 5 号小棍，排成一排，如图 3.25 所示。

第二步：左边放上"乘数"小棍，找出第 8 行，如图 3.26 所示。

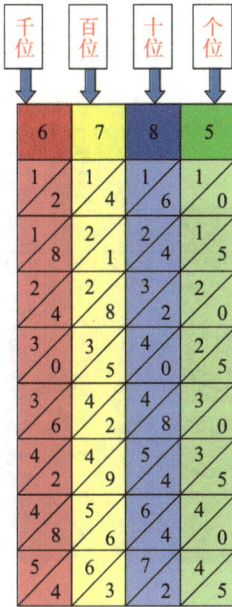

图 3.25　挑战题目步骤一

图 3.26　挑战题目步骤二

第三步：把第 8 行斜着相加，得出结果，6 785 × 8 = 54 280，如图 3.27 所示。

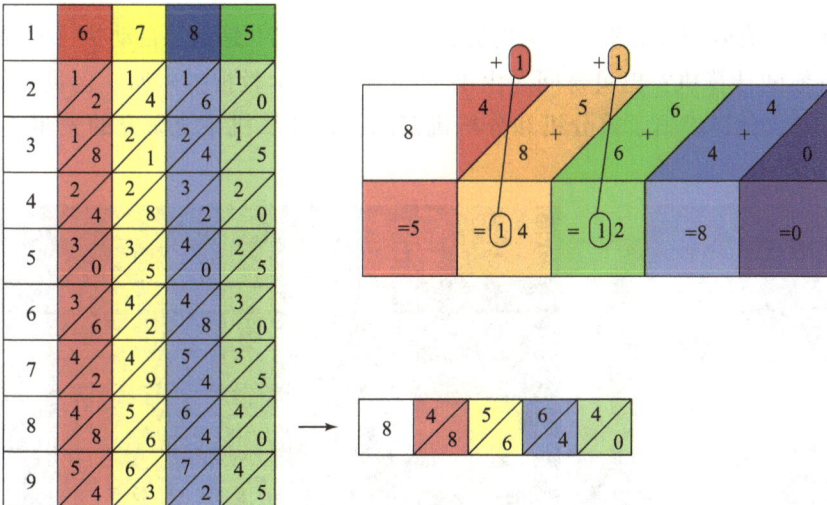

图 3.27　挑战题目步骤三

⊙ 想一想

　　什么样的设备能被称为计算装置?

　　计算装置是一种先进的技术工具，它被设计用来处理和执行各种计算任务。类似于人类的大脑，计算装置由许多精密的组件构成，这些组件能够迅速处理信息并进行复杂的计算，如图 3.28 所示。它们使用电子信号和逻辑操作来完成各种任务，就像一支强大的计算军队。当输入数据和指令时，计算装置会根据预先设定的规则和算法进行运算，以产生出需要的结果。无论是解决数学问题、模拟现实世界、播放音乐还是玩游戏，计算装置都可以发挥其强大的计算能

图 3.28　计算装置的内部系统

力。它就像是一台智能的工厂，可以高效地进行各种计算和处理，为人类提供准确的答案和实用的解决方案。

3.2.2　巴贝奇问题

　　什么是有效的计算机? 如何构造有效的计算系统? 是不是自动执行的计算机就是有效的计算机? 巴贝奇问题由 19 世纪剑桥大学教授查尔斯·巴贝奇提出，除此之外，他还提出了差分机和分析机概念，是计算机系统研究的先驱（如图 3.29 所示）。

图 3.29　巴贝奇与巴贝奇差分机

巴贝奇问题实例：巴贝奇分析机。

近代计算机发展的一个里程碑是巴贝奇分析机。巴贝奇分析机采用 40 个十进制位的数字符号，包括一个算术逻辑部件、一个能容纳 1 000 个数字符号的存储器、支持条件跳转操作的控制器，以及穿孔卡等输入/输出设备。尽管只是一台机械计算机的设计，但是巴贝奇分析机成了一个里程碑：它是历史上第一台自动执行的通用计算机。当针对某个计算过程配置好分析机后，该计算过程的步骤能够被自动执行。说它"通用"，是指人们后来证明：巴贝奇分析机具备图灵机全部的计算能力。

动手动脑

认识并了解机械式计算机如何计算。

3.2.3　帕斯卡加法器

帕斯卡的父亲是一位纳税官，整天收税算税款，可是算税款涉及大量的加减乘除，非常难算，所以他每天都工作到深夜。小帕斯卡看到后就思考能不能造一台机械来分担父亲烦琐的运算工作，于是他发明了一台能做加法的机械，即帕斯卡加法器（如图 3.30 所示）。

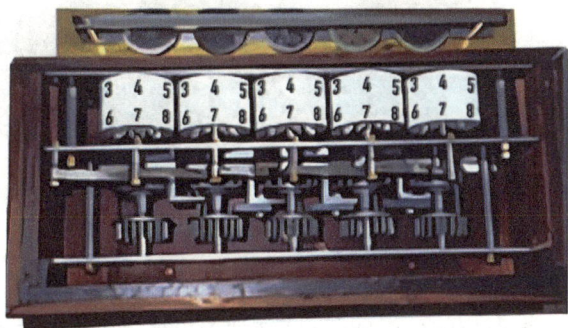

图 3.30　帕斯卡与帕斯卡加法器

帕斯卡加法器是由齿轮组成、以发条为动力、通过转动齿轮来实现加减运算、用连杆实现进位的计算装置。

学 一 学

齿轮的启示：计算的两个基本问题。

问题1：怎样表示一个数？

齿轮（如图3.31所示）一周360°，划分成10个区，分别表示0~9。用十进制仅仅是便于人的使用。

问题2：怎样对数进行运算？

加法：转动齿轮，加1就转1格，加2就转2格。

核心：改变"状态"（齿轮的朝向）。

图3.31　齿轮示意图

● **实践探究**

搭建帕斯卡加法器

（1）目标：搭建能够完成两位加减法的加法器，如图3.32所示。

图3.32　用齿轮搭建帕斯卡加法器

（2）提示关键点：

①如何表示结果？（用上方齿轮的朝向表示）

②如何进行运算？（转动下方齿轮，右转表示加，左转表示减）

③如何进位？（个位齿轮转一圈，带动十位齿轮转一格）

④要诀：算好齿轮传动比！

■ 3.3　电子计算机

　　想象一下你是一个工程师，负责设计一台早期计算机，你需要考虑这台计算机应该有哪些基本的组成部分。请列举出你认为最重要的几个部分，并解释它们的功能和作用。

　　相信大家都已经对 ENIAC 不陌生了，我们在前几次课程中已经提到它多次，它是世界上第一台通用计算机，但是我们还不知道它的来历、结构等。本节课，我们将会详细地学习这台计算机。

　　ENIAC 的来历和结构。

3.3.1　ENIAC 的来历

　　1943 年，埃克特与搭档莫奇利（如图 3.33 所示）担任了一个项目的总工程师和顾问，他们也想不到这个项目产出了世界第一台通用计算机。起初的名字不是 ENIAC，叫电子数字积分器，但是因为计算的通用性，加上了 computer，得名 ENIAC。在第二次世界大战期间，美国军方需要计算 2 000 ~ 4 000 条弹道，每条弹道都涉及复杂的微积分运算，普通计算员使用机械计算器平均需要 20 h 才能算完。多型新型火炮的投入使用给美国陆军的弹道研究实验室带来了很大的制表

图 3.33　埃克特与莫奇利

压力，他们雇用了100多名女计算员，但计算复杂、繁多，且不能保证正确率，所以急需一台用来计算的计算机。

3.3.2 ENIAC 的结构

ENIAC 堪比庞然大物，总长约30 m，高约4 m，厚约0.9 m，占地约167 m²，需要布置在一个很大的房间。这台重达27 t的电子巨兽，体内大约包含着18 000个电子管、7万个电阻、1万个电容和1 500个继电器，每小时吞掉150 kW电量。功耗之大，一度传出夸张的谣言：ENIAC 一启动，整个费城的灯光都要暗下一截。

从结构上 ENIAC 主要分为以下几个部分（如图3.34所示）：

初始化模块，可喻为清除路障车，负责完成整台机器在开始使用前的所有准备工作，比如机器上下电和累加器清零等。

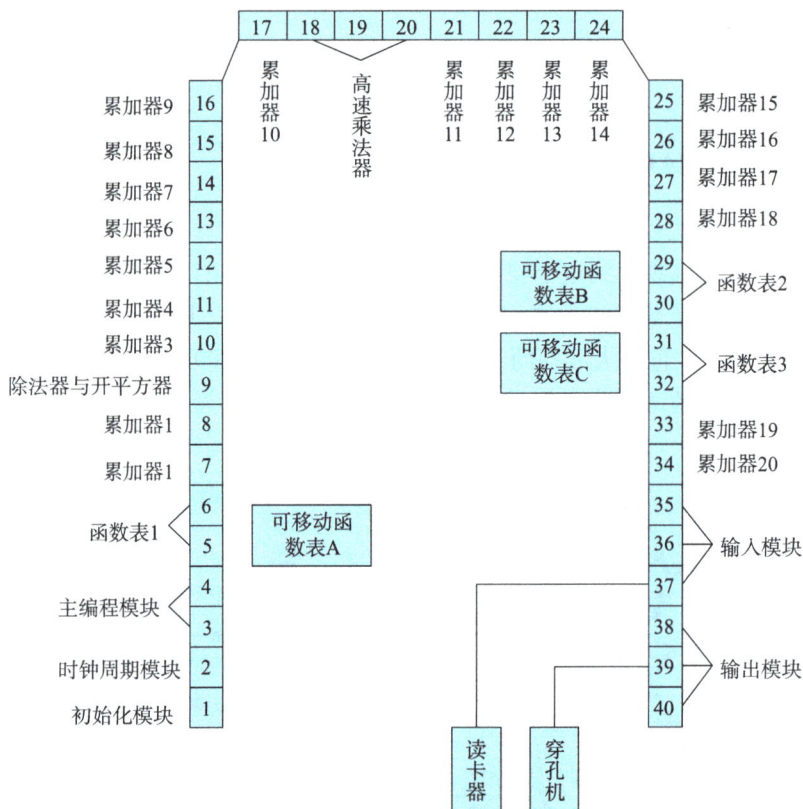

图 3.34　ENIAC 结构示意图

　　时钟周期模块，可喻为军训的教官，是同步机器所有模块的关键，指挥着各元器件的周期工作，就像军训时喊着"1，2，1"口令的教官，有了统一的节奏，整个队伍的步伐才不至于乱套。

　　主编程模块，上面分布着密密麻麻的旋钮，使用者可以在此编程，设置各个电信号的走向和先后顺序。如果把信号比喻为道路行驶的车辆，主编程模块就好比十字路口的交警，引导着车流，行驶到不同模块就完成不同的使命。同时，将这些车流按段划分，以车流段为单位指挥交通，安排它们的执行次序。

　　如图 3.35 所示，两位程序员之间的 4 块面板即初始化模块、时钟周期模块和主编程模块（占 2 块面板）。函数表有 3 个，每个占据 2 块面板，通过其上的旋钮可以预置一些供其他模块反复使用的常数。累加器有 20 个，每个累加器可存放 1 个 10 位长度的十进制数（包括负数）。供其他模块使用的高速乘法器占据 3 块面板。数据的输入输出设备是现成的 IBM 读卡器和穿孔机，分别受控于输入模块和输出模块。

图 3.35　ENIAC 结构图

动手动脑

　　根据教材描述及自己对 ENIAC 结构的理解，自己画一个简易版的 ENIAC 结构图。

3.3.3　ENIAC 的计算能力

在 ENIAC 之前，弹道轨迹计算是用机械计算器手动计算的。预测弹道需要对空气密度、温度和风进行计算，弹道的单个轨迹需要一个人 20~40 h 的手动"计算"。ENIAC 的出现将计算时间缩短到了 30 s 内。

ENIAC 能够进行每秒 5 000 次的计算，比当时其他所有机器速度快了 1 000 倍，并且具有乘法、除法和平方根的计算功能。

ENIAC 的独特之处在于它确实是一个通用计算问题的求解器。尽管它出现在战争后期并没有真正实现其最初的设计目的，但随后它被立即调整用于核武器方面的研究，再到从事农业工作以及任何快速计算之中。在 ENIAC 的生命周期中，它曾为氢弹设计、天气预报、宇宙射线研究、随机数研究甚至风洞设计提供了计算服务。同时，ENIAC 在研究中子穿透各种材料的距离中所做的工作，也加速了蒙特卡罗计算方法的普及。

虽然当时 ENIAC 的计算速度已被认为非常快，但与现代计算机相比，它的处理能力非常有限，可以将其比喻为一个勤奋而努力的蚂蚁，每秒只能完成几千次简单的加法运算。

随着时间的推移，计算机技术突飞猛进。手机的出现让计算能力进入了我们的掌中。手机虽然小巧，却具备了超强的计算能力，它拥有强大的处理器和大量的内存，可以瞬间完成数学运算和复杂的数据处理。就像一只聪明的小猴子，它可以玩各种 3D 游戏、编辑高清视频等。

现代电脑更是达到计算能力的巅峰。它不仅小巧便携，而且拥有更快速、更强大的处理器和更大容量的内存。它能够以每秒数十亿次的速度执行复杂的计算任务，处理海量数据。现代电脑就像一位超级英雄，可以同时运行多个应用程序，进行高级的图像处理和模拟，为我们提供了无限的创造和探索空间。

ENIAC、手机、电脑的计算能力对比图如图 3.36 所示。ENIAC 的计算能力在每秒数千次至数万次之间；智能手机通常具有超过数十亿次运算能力；高端计算机的计算能力可以达到每秒数万亿次浮点运算以上。

1. ENIAC 的可靠性

ENIAC 的可靠性非常糟糕，每天都会烧坏几个电子管，机器几乎只有一半时间能正常工作，剩下的一半时间都在寻找和替换这些"罢工"的电子管。不久，工程师们发现电子管在工作期间的可靠性其实很高，只是在加热和冷却阶段容易

计算能力（单位：运算次数/s）

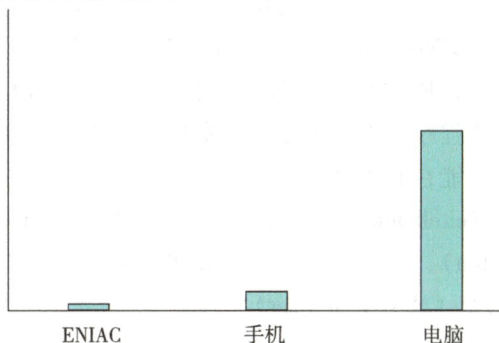

图 3.36　ENIAC、手机、电脑的计算能力对比图

失效，而弹道研究实验室为了节省能源和值班人力，每天夜里都会关机，却不料捡了芝麻丢了西瓜。保持常开后，ENIAC 的可靠性大幅提升，平均每两天才有 1 个电子管失效，并且只要 15 min 就能找到。ENIAC 持续运行时间最长的一次是在 1954 年，它一口气"跑"了 116 h，接近 5 天。

2. ENIAC 的存储能力

ENIAC 的存储能力近乎为零，20 个累加器只够存放几类基础运算所需的参数和结果，对于复杂问题，使用者还往往不得不将中间结果输出到穿孔卡片，之后再读进来。因此，ENIAC 的程序和巨人机一样是存在于旋钮和接插线板上的。

尽管在研制过程中，存储程序的概念已经萌生，但机器的存储容量并不允许他们将程序塞进累加器里，而进度上的压力又不允许为此再做改动。结果是，ENIAC 团队在兼具技术和想法的情况下，不得已把"第一台存储程序计算机"的名头乃至存储程序思想提出者的身份拱手让人。

3. ENIAC 的幕后英雄

ENIAC 最早的 6 位程序员（如图 3.37 所示）是从莫尔学院培养的女计算员中选拔出来的，她们不仅聪慧过人，而且细致耐

露丝·泰特尔鲍姆　弗朗西丝·斯宾塞　贝蒂·霍伯顿

吉恩·鲍尔　凯·安东内利　玛琳·梅尔策

图 3.37　ENIAC 的幕后英雄

心。经过一段时间的学习，她们对 ENIAC 的工作机制了如指掌，将数学家们的想法精准地转换为旋钮和接插线的位置组合。她们的认真与细致最大限度上减少了 bug 的出现，是 ENIAC 正常运行的重要保障。然而，可怕的偏见剥夺了她们应得的认可和尊重，ENIAC 的交付仪式和庆功宴甚至没有邀请她们中的任何一位。1997 年，6 位程序员入选国际科技女性名人堂，历史最终为她们正名，可惜的是其中有 1 位没能在有生之年等到这一天。让我们记住她们的名字：露丝·泰特尔鲍姆（Ruth Teitelbaum）、弗朗西丝·斯宾塞（Frances Spence）、贝蒂·霍伯顿（Betty Holberton）、吉恩·鲍尔（Jean Bartik）、凯·安东内利（Kay Antonelli）、玛琳·梅尔策（Marlyn Meltzer）。

■ 3.4　巴贝奇差分机实验

◉ 想一想

你了解巴贝奇差分机吗？

3.4.1　差分思想

差分机这个名字，源自帕斯卡在 1654 年提出的差分思想：n 次多项式的 n 次数值差分为同一常数。

所谓"差分"，是把函数表的复杂算式转化为差分运算，用简单的加法代替平方运算。差分机设计的目的是让机器能够按照设计者的意图，自动处理不同函数的计算过程。

差分机设计图纸如图 3.38 所示，差分机原型机如图 3.39 所示。

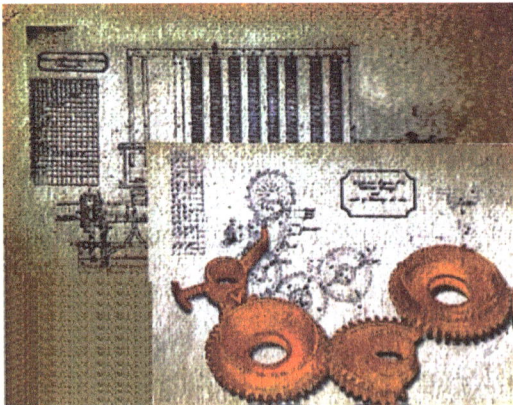

图 3.38　差分机设计图纸

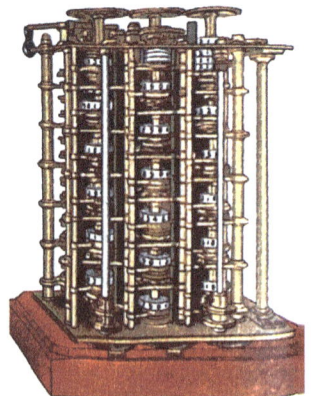

图 3.39　差分机原型机

差分机的由来

在过去，数表的编制需要大量人力和工作量，并且无法完全避免错误的出现。即使在重要的航海天文表中也存在着错误，给航海带来了危险。数学家们面对这一问题束手无策，直到巴贝奇提出差分机的概念。

巴贝奇观察到数表中的数字可以通过机器来进行计算，这个想法最初在他还是剑桥大学学生时浮现过，但很快被遗忘。几年后，他与好友赫歇尔一起为天文学会验算对数表时，发现了持续的错误。面对枯燥的验算过程，巴贝奇感叹道，如果这些计算能够由蒸汽驱动的机器完成，那将会多么好。赫歇尔回答说这是完全可能的。

因此，差分机的想法由此产生。差分机的目标是通过机器进行计算，以减少人工编制数表时的错误，并提高计算的效率。差分机的出现可以解决传统数表制作过程中的问题，实现更准确和可靠的计算，尤其对于需要精确天文计算的航海领域具有重要意义。

3.4.2　差分机的设计

1882 年，差分机 1 号项目启动。但 10 年后，巴贝奇也只完成了设计稿的 1/7：一台支持 6 位数、2 次差分的小模型（设计稿为支持 20 位数、6 次差分）。巴贝奇差分机的原始模型是用齿轮制作的，这些齿轮被固定在轴上，由一根曲柄转动而带动，可以处理 3 个不同的 5 位数，演算出好几种函数表，计算精度达到小数点后 6 位。预计完工后，这台机器将有 25 000 个零件，重 15 t。

1846—1849 年，巴贝奇升级了设计，提出支持 31 位数、7 次差分的差分机 2 号方案，但因没有政府资助，只能停留于稿纸。1985—1991 年，伦敦科学博物馆为了纪念巴贝奇诞辰 200 周年，根据其 1849 年的设计，用纯 19 世纪的技术成功造出了差分机 2 号（如图 3.40 所示）。

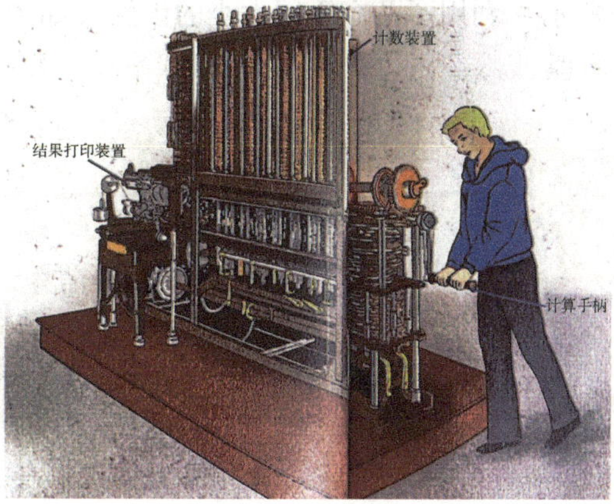

图 3.40　差分机 2 号

🔵 **想一想**

差分是用来计算什么的？怎么计算？

1. 差分法

差分法可以将多项式函数、对数函数或三角函数等高阶计算降阶，简化为加法，从而大大简化计算。有限差分方法经过数学家的近百年研究，在制表过程中已经成熟使用，同时这也是一种很容易程序化的方法。

那么如何计算呢？举个例子，令 $f(x) = x^2 + 4$，如图 3.41 所示，输入不同的 x 值，会有不同的 $f(x)$ 值，一阶差分是第三列，它的值通过第二列 $f(x)$ 的两个相邻值相减得到，可以发现算出来的值具有一些规律。二阶差分是第四列，它的值通过第三列的两个相邻值相减得到。令人惊讶的是，第四列的值是一个常量。

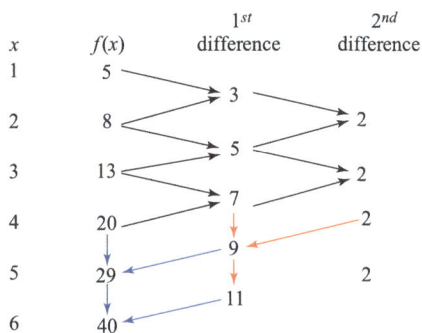

x	$f(x)$	1st difference	2nd difference
1	5		
		3	
2	8		2
		5	
3	13		2
		7	
4	20		2
		9	
5	29		2
		11	
6	40		

图 3.41   差分计算示意图

🟢 **动手动脑**

思考巴贝奇差分机的乐高实现。

2. 乐高差分机的搭建原理

搭建原理基于差分思想。差分是一种比较和计算的方法，通过观察和比较两个事物之间的差别，可以得出有关它们之间变化的信息。乐高差分机（如图 3.42 所示）利用了两个不同大小的齿轮（如图 3.43 所示）和一个旋转轴来实现差分原理。

图 3.42   乐高差分机

图 3.43   乐高中的齿轮

首先应了解齿轮的作用。齿轮是乐高差分机中的重要部件，它们有着不同的大小和齿数。当两个齿轮咬合在一起时，它们可以传递旋转运动和力量。

乐高差分机的关键在于齿轮的差异，其中一个齿轮比另一个齿轮更大或更小。当我们转动输入部件（如手柄）时，较大齿轮和较小齿轮之间的差异会导致输出部件（如轮子）的不同运动。乐高通过齿轮的大小和齿轮之间的传动比来实现差分原理。传动比是齿轮尺寸和齿数之间的比例关系。通过调整齿轮的大小和传动比，可以实现不同的差分效果。例如，当较大的齿轮和较小的齿轮咬合时，输入部件的旋转运动会以较慢的速度转化为输出部件的旋转运动。这种差分转动可以模拟车辆转向系统中的差速器原理，使车辆能够更灵活地转弯。

3. 用基础乐高件实现一阶计算单元

首先，需要明白的是，一阶计算单元是计算机中的核心组件之一，它负责执行简单的计算和逻辑操作。在乐高中，我们可以使用不同类型的积木来代表计算单元中的不同部分。

乐高一阶计算单元通常由以下几个关键部分组成：输入部件、运算部件和输出部件。

每个部分的作用和搭建方法如下：

输入部件：输入部件用于接收数据或指令。在乐高中，可以使用按钮或开关等积木来代表输入部件。例如，可以使用按钮积木来表示"按下"或"松开"等操作。

运算部件：运算部件是一阶计算单元的核心，它执行实际的计算和逻辑操作。在乐高中，我们可以使用各种形状和颜色的积木来代表不同的运算部件。例如，可以使用红色积木表示加法操作，使用蓝色积木表示减法操作。

输出部件：输出部件用于显示计算结果或执行特定的操作。在乐高中，我们可以使用显示屏、灯光或运动装置等积木来代表输出部件。例如，可以使用灯光积木来表示计算结果是否为真或假。

通过将这些部件组合在一起，我们可以搭建一个简单的乐高一阶计算单元。当按下按钮输入数据时，计算单元会执行相应的运算，并将结果显示在输出部件上。

◉ 想一想

　差分思想与系统思维有什么联系？

3.4.3　差分思想与系统思维

以搭建乐高差分机为例，差分思想强调观察和分析问题中的变化和细节。在搭建乐高差分机时，我们注意每个乐高部件的形状、连接方式和运动方式；观察每个部件的变化，如转动、旋转或滑动，以及它们与其他部件的相互作用。这种关注细节和变化的思维方式，体现了差分思想。

系统思维将问题看作一个整体系统，关注系统的结构和相互关系。在搭建乐高差分机时，我们将每个乐高部件看作是系统中的一部分，并思考它们如何连接在一起形成一个复杂的装置；考虑每个部件的作用和运动方式，以及它们与整个机器的关系。通过系统思维，我们能够理解差分机的整体结构，并掌握如何搭建和操作它。

差分思想体现了系统思维。在搭建乐高差分机的过程中，差分思想和系统思维相互交织。差分思想让我们观察和分析每个部件的变化和细节，如形状和运动方式。系统思维让我们将这些部件整合到整个机器的结构中，理解它们之间的相互关系和作用。通过差分思想和系统思维的结合，我们能够搭建出一个完整的乐高差分机，并理解它的工作原理。

▶ 实践探究

搭建巴贝奇差分机

（1）工具：乐高。
（2）目标：能够搭建完成二阶差分计算的巴贝奇差分机，如图 3.44 所示。

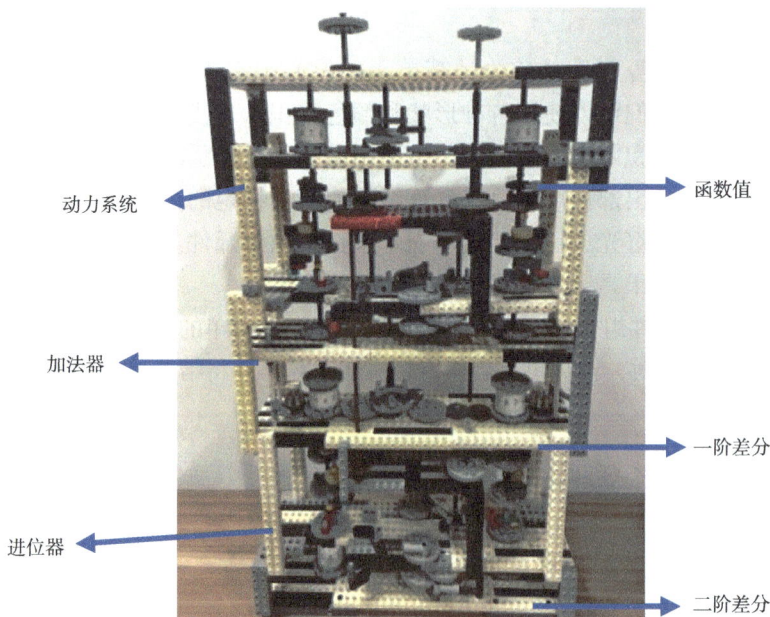

动力系统　　　　　　　　函数值

加法器

一阶差分

进位器

二阶差分

图 3.44　乐高搭建巴贝奇差分机

①乐高基础组件实现加法器如图 3.45 和图 3.46 所示。

图 3.45　乐高实现加法器侧面
　　　　 示范图

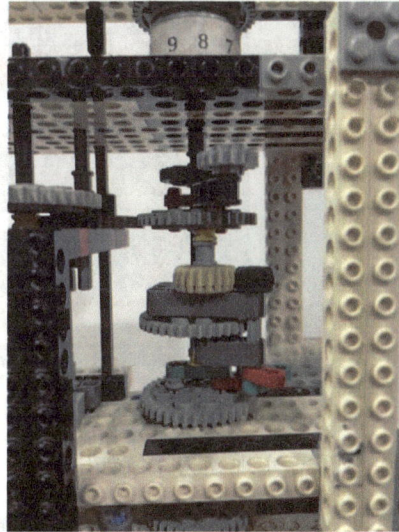

图 3.46　乐高实现加法器正面
　　　　 示范图

②乐高实现进位器如图 3.47 所示。

图 3.47　乐高实现进位器

③乐高实现周期协调器如图 3.48 所示。

图 3.48　乐高实现周期协调器

④乐高实现动力系统如图 3.49 所示。

图 3.49　乐高实现动力系统

⑤使用搭建好的差分机求解，解题示范如图 3.50 所示。

$$f(x) = 12x^2 + 12x + 1$$

x	$f(x)$	$\Delta f(x)$	$\Delta^2 f(x)$
0	1	24	24
1	25	48	24
2	73	72	24

图 3.50　解题示范

第4章
算法思维

所谓算法思维，其核心是碰到问题时如何观察、如何尝试，然后如何根据观察到的规律设计计算机程序来求解问题。

从粗糙的解开始大胆尝试，不断改进；从最简单的情形做起，把复杂问题分解成简单问题；枚举所有的解，设计"剪枝"技术加快枚举过程；随机采样少量的样本，以减少计算量：这大概就是最基本的计算思维了。

■ 4.1 算法基础

⊙ 想一想

什么是算法？

4.1.1 算法

公元9世纪，波斯数学家花剌子密写了一本名为《移项和集项的计算》的书。这本书记载了贸易、测量、遗产分配等方面的一些实际问题，以及从这些实际问题出发，抽象建模而成的数学问题：一些线性方程组和二次方程。更重要的是，这本书还介绍了求解上述方程的步骤，这些步骤描述清晰，无论是人还是机器，只需按步骤机械式地操作即可求解方程。这样的问题求解步骤被称作

"Algorithm"，中文译作"算法"。

无独有偶。中国古代的数学著作《九章算术》（如图 4.1 所示）以及《九章算术注释》也是记载了许多实际问题及相应的求解方法，甚至还提出"算"这一概念来表示"运算次数"，以比较不同求解方法的效率。中国古代数学历来重视解决来自现实生活的实际问题，而不像古希腊数学那样强调定理的证明。吴文俊先生称中国传统数学的特点是高度的机械化和算法化，并认为这一特点与现代计算机科学密切相通。

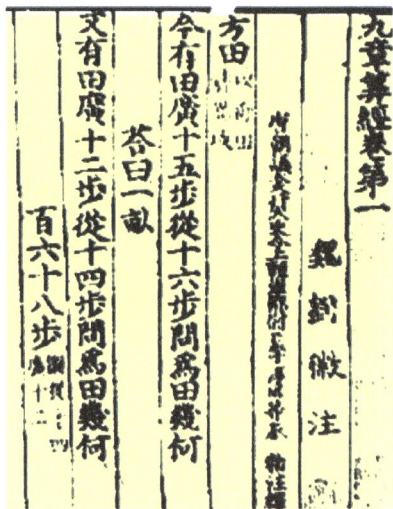

图 4.1 《九章算术》书影

⊙ 想一想

什么是程序？

4.1.2 程序

一般来说，要让计算机"干活儿"，就得告诉它"指令"，也就是让计算机根据这些给出的指令做动作；这些指令串起来就是程序。这一点在 Scratch 程序体现得更加形象：Scratch 里有角色、有舞台，角色根据脚本在舞台上表演，那个脚本就是角色要遵循的指令，就是程序（如图 4.2 所示）。

图 4.2 Scratch 指令卡

算法 + 数据结构 = 程序！

1984 年，瑞士计算机科学家 N. 沃斯写了一本书，书名很有意思，叫作《算法 + 数据结构 = 程序》。

为什么 N. 沃斯这样说呢？这是有深刻用意的。计算机程序要想操作和处理数据，首先需要把数据组织起来，以便让计算机能够操作。这种数据的组织方式，就是数据结构；而我们处理数据的步骤，就是算法；两者合在一起，就构成了计算机程序。

一个最常见的数据结构就是列表。为什么要设计列表这个数据结构呢？看看下面这个问题你就明白了。假如你开了一家咖啡店，想记录一年里每天卖出去几杯咖啡，那该怎么办呢？

一种办法是建立 365 个变量，比如第 1 天卖出的咖啡的杯数、第 2 天卖出的咖啡的杯数，…，第 365 天卖出的咖啡的杯数。每个变量中保存一天的数据，每卖出一杯咖啡，就把相应的变量值增加 1。

这种方法虽然正确，但是很麻烦：单是建立 365 个变量就很烦琐，更不用说当修改变量的值时需要先找准变量。如若采用写程序的方式可以很好地解决上述问题。

C++程序代码如图 4.3 所示，Scratch 程序代码如图 4.4 所示。

```cpp
#define SIZE 10
main()
{
  int x[SIZE], i, max, min;
  printf("Enter 10 integers:\n");
  for(i=0;i<SIZE;i++)
  {  printf("%d:",i+1);
     scanf("%d",&x[i]);
  }
  max=min=x[0];
  for(i=1;i<SIZE;i++)
  {
    if(max<x[i]) max=x[i];
    if(min>x[i]) min=x[i];
  }
  printf("Maximum value is %d\n",max);
  printf("Minimum value is %d\n",min);
}
```

图 4.3　C++程序代码

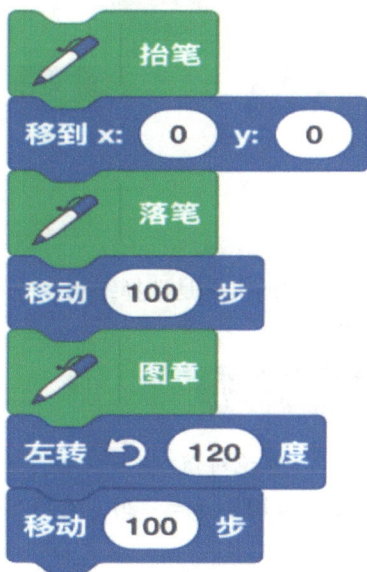

图 4.4　Scratch 程序代码

遇到这种情况时，列表是一个好的解决方案。列表，也叫作数组，顾名思义，就是我们把同类型的变量合在一起，做成一个表格。以上面的问题为例建立一个名为"每天卖出的咖啡数量表"的列表；这个列表有 365 项，第 1 项保存第 1 天卖出的咖啡的杯数，第 2 项保存第 2 天卖出的咖啡的杯数……这样就方便多啦！

通常来说，Scratch 程序中的角色是一条一条的指令顺序执行，然而仅有顺序结构并不能解决所有的问题。角色的有些动作，要重复执行，这就是循环；还有些动作，不是总是执行的，而是根据情况有选择地执行，这就是分支。有了分支和循环，就能够完成很多复杂的功能了。

想一想

什么是分支？

4.1.3 分支语句

生活中常常面临选择和判断，例如，决定是在室内还是室外上体育课，就要参考实际的天气状况。假设今天有沙尘暴，那么体育课在室内进行，如果没有沙尘暴，体育课就正常在室外开展（如图4.5所示）。

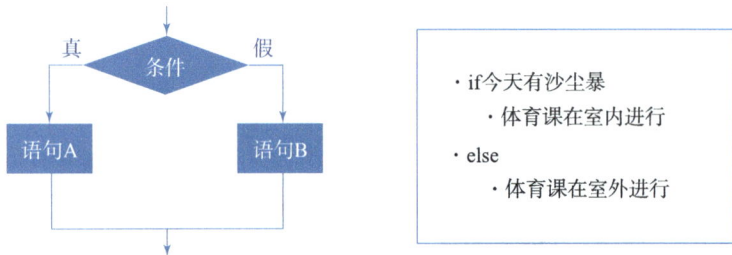

图4.5 分支语句

分支语句的本质是选择结构，它可以根据你所设置的不同选项，输出对应设置的结果。

课堂活动

1. 计算绝对值

设 $a=100$，$b=-20$，使用 Scratch 程序计算绝对值。

$$a = \qquad b = $$

2. 计算最大值

使用 Scratch 编写程序，输入三个数 x，y，z。

计算 $\max\{x,y,z\}$：

（1）$\max\{1,2,3\}=3$；

（2）$\max\{3,2,1\}=3$；

（3）$\max\{x,y,z\}=\max\{\max\{x,y\},z\}$。

想一想

4 个数比较大小时，该怎么办？

假设有 4 个数，分别是 3，9，6，2，那么如何进行比较来计算最大值呢？我们仍然可以使用分支语句来进行对比，直到选出最大值（如图4.6所示）。

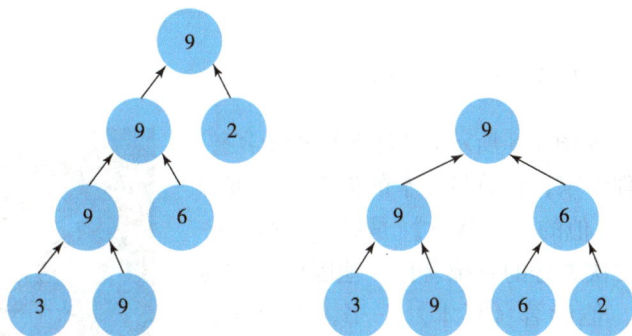

图 4.6　利用分支语句计算最大值

2022 年，第 22 届国际足联世界杯于 2022 年 11 月 20 日在卡塔尔境内 8 座球场举行。大家关注的积分及排名规则为：小组赛每场比赛胜方得 3 分，平局各得 1 分，负方得 0 分；每个小组积分前两名球队晋级 1/8 决赛。这就是分支语句在世界杯赛场上的具体应用（如图 4.7 所示）。

图 4.7　世界杯小组赛规则

动手动脑

30 支球队进行淘汰赛，要决出冠军共需要比赛多少场？

你应该知道的关于花剌子密的故事。

花剌子密（如图4.8所示），波斯著名数学家、天文学家、地理学家，代数与算术的创立人，被誉为"代数之父"。他的《代数学》是第一本解决一次方程及一元二次方程的系统著作，他因而被称为代数的创造者。他所著《算术》一书，系统地叙述了十进位值制计数法和小数的运算法，对世界普及十进位值制起了很大作用，也成为电子计算机赖以计算的运算法则。

图4.8 花剌子密

小资料

课堂活动答案参考

1. 计算绝对值

如图4.9所示：

图4.9 计算绝对值参考答案

（1）$a = 100$，$b = -20$；

（2）$|a| = \underline{\qquad}$；

（3）$|b| = \underline{\qquad}$；

（4）$|x| = \begin{cases} x，如果 x \geqslant 0； \\ -x，如果 x < 0。 \end{cases}$

2. 计算最大值

如图 4.10 所示：

输入三个数 x，y，z，计算 $\max\{x, y, z\}$；

（1）$\max\{1, 2, 3\} = 3$；

（2）$\max\{3, 2, 1\} = 3$；

（3）$\max\{x, y, z\} = \max\{\max\{x, y\}, z\}$。

3. 球队淘汰赛

30 支球队进行淘汰赛，要决出冠军一共需要比赛多少场，答案如图 4.11 所示。

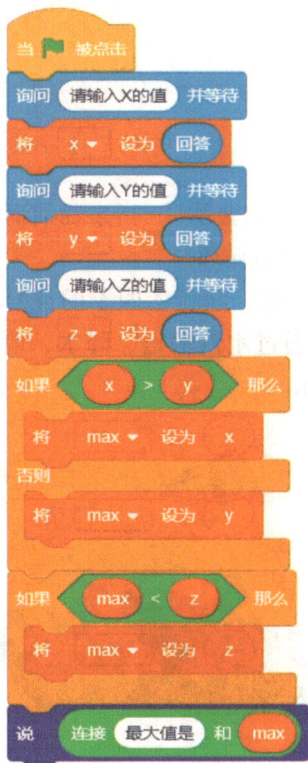

图 4.10　计算最大值参考答案　　　　图 4.11　球队淘汰赛参考答案

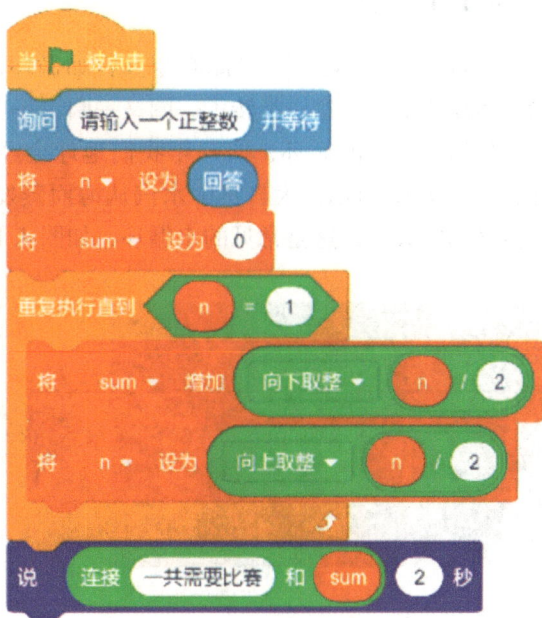

（1）思路提示：$15 + 7 + 4 + 2 + 1 = 29$。

（2）取整符号：

$\lfloor x \rfloor, \lceil x \rceil$；

$\lfloor \pi \rfloor = 3, \lceil \pi \rceil = 4$；

$\lfloor 8 \rfloor = \lceil 8 \rceil = 8$。

挑战任务

任务1：输入一个年份（如2003），判定该年份是否是闰年？

提示【输入：n，闰年的条件 $\begin{vmatrix} 4 \mid n & 100 \mid n \\ 400 n \end{vmatrix}$】

任务2：输入4个长方形的长和宽，计算面积最大的一个。

任务3：输入4个数，找出其中最大的和次大的数。

想一想

如何理解循环？

4.1.4　循环

《战国策·燕策二》："此必令其言如循环，用兵如刺蜚绣。"指事物周而复始地运动或变化，意思是转了一圈又一圈，一次又一次地循环。

生活中常见的循环，如一年我们地球会经历春、夏、秋、冬四季的往复循环，如图4.12所示。大自然中水汽从海面蒸发上升通过水汽输送、降水、地表径流又回归大海，这是常见的水循环，如图4.13所示。

图4.12　地球上的一年四季

图4.13　水循环示意图

还有常见的路口的交通指示灯，红灯、黄灯、绿灯会按照固定的时间循环交替出现，来保证道路车辆有秩序行驶（如图 4.14 所示）。循环结构图如图 4.15 所示。

图 4.14　交通指示灯

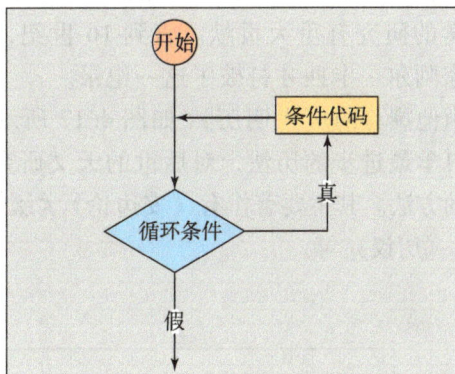

图 4.15　循环结构图

循环的种类如下：

（1）重复执行省略次：事先指定循环次数。

（2）重复执行直到省略：循环执行，直到满足事先指定的结束条件为止。

（3）重复执行：不指定循环次数，因此会永远执行下去（通过其他方式退出）。

课堂活动

循环计算：使用 Scratch 程序，计算 $1+2+, \cdots, +100$ 的值。

提示：$i=0$，$sum=0$；

循环 100 次；

$i=i+1$；

$sum=sum+i$。

科技天地

你应该知道的关于祖冲之的故事。

祖冲之（429—500 年），字文远，生于丹阳郡建康县（今江苏南京），籍贯范阳郡遒县（今河北省涞水县），南北朝时期杰出的数学家、天文学家（如图 4.16 所示）。

祖冲之一生钻研自然科学，其主要贡献在数学、天文历法和机械制造三方面。他在刘徽开创的探索圆周率的精确方法基础上，首次将圆周率精算到小数第七位，即在 3.141 592 6 和 3.141 592 7 之间，对数学的研究有重大贡献。直到 16 世纪，阿拉伯数学家阿尔·卡西才打破了这一纪录。

由他撰写的《大明历》（如图 4.17 所示）是当时最科学最进步的历法，对后世的天文研究提供了正确的方法。其主要著作有《安边论》《缀术》《述异记》《历议》等。

图 4.16　祖冲之

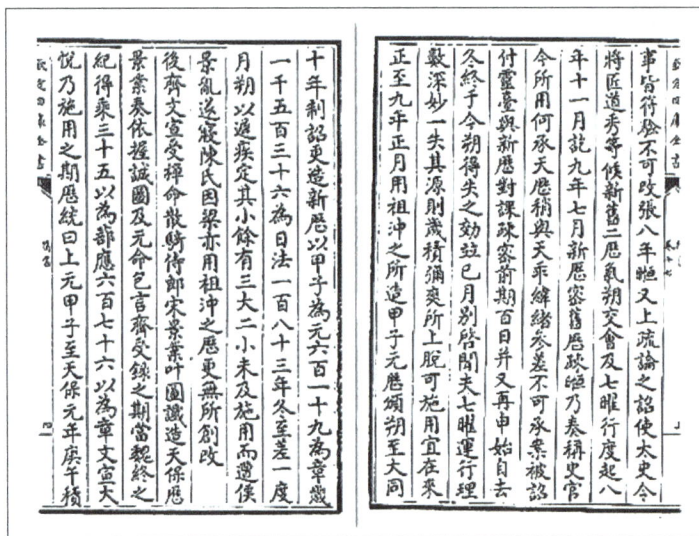

图 4.17　大明历

✎ **小资料**

后世纪念祖冲之

1. 祖冲之环形山

为纪念这位伟大的古代科学家，1967 年，国际天文学家联合会把月球上的一座环形山命名为"祖冲之环形山"。

2. 祖冲之星

1964 年 11 月 9 日，为了纪念祖冲之对中国和世界科学文化作出的伟大贡献，紫金山天文台将 1964 年发现的，国际永久编号为 1888 的小行星命名为"祖冲之星"。

3. 祖冲之银币

此纪念银币发行年代为 1986 年，面值为 5 元，成色为 90，发行量为 30 000 枚。纪念币正面为国徽，背面为祖冲之，规格为直径 36 mm、质量 22 g，由上海造币厂制造（如图 4.18 所示）。

4. 祖冲之路

其路名意在纪念中国著名数学家祖冲之的卓越贡献，祖冲之路位于中国上海市浦东新区张江高科技园区，东西走向，是该园区的主要道路。

5. 祖冲之中学

此中学位于河北省保定市涞水县保野路，其前身是涞水县第一中学，始建于 1951 年，1992 年更名为河北祖冲之中学。

图 4.18　祖冲之银币

学一学

刘徽割圆术。

刘徽割圆术

公元 3 世纪中期，魏晋时期的数学家刘徽（如图 4.19 所示）首创割圆术（如图 4.20 所示），为计算圆周率建立了严密的理论和完善的算法。

图 4.19　刘徽

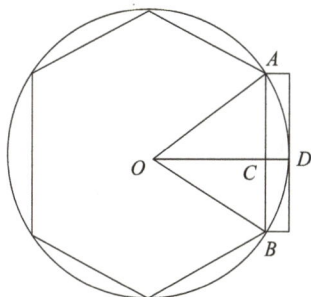

图 4.20　刘徽割圆术示意图

所谓"割圆术"，是用圆内接正多边形的面积去无限逼近圆面积并以此求取圆周率的方法，即通过圆内接正多边形细割圆，并使正多边形的周长无限接近圆的周长，进而来求得较为精确的圆周率（如图4.21所示）。刘徽通过数学之理，建立了中国传统数学的理论体系，在人类历史上首次将极限和无穷小分割引入数学证明，成为人类文明史中不朽的篇章。

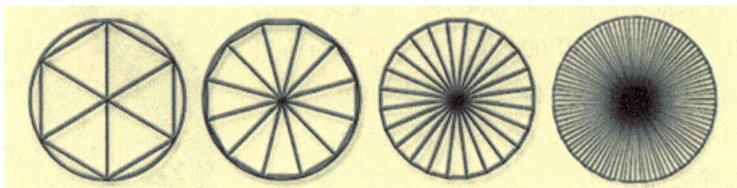

图4.21 刘徽割圆术详解

6边形：$A_6 = 3$。

12边形：$A_{12} \approx 3.100\,8$。

24边形：$A_{24} \approx 3.132\,6$。

48边形：$A_{48} \approx 3.139\,3$。

96边形：$A_{96} \approx 3.141\,0$。

动手动脑

根据以上学习的知识，利用软件自行求解圆周率（如图4.22所示）。小组之间可以交流想法，编写程序完成挑战。

想法提示：将1/4圆切成若干竖条，用蓝色折线的总长度近似1/4圆周长。

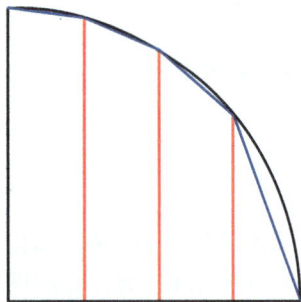

图4.22 求解圆周率

学一学

勾股定理。

勾股定理

勾股定理，是一个基本的几何定理，指直角三角形的两条直角边的平方和等于斜边的平方。中国古代称直角三角形为勾股形，并且直角边中较小者为勾，另一长直角边为股，斜边为弦，所以称这个定理为勾股定理（如图 4.23 所示）。周朝时期的商高提出了"勾三股四弦五"的勾股定理的特例，因此也有人称为商高定理。

公元 3 世纪，三国时代的赵爽对《周髀算经》内的勾股定理作出了详细注释，记录于《九章算术》中："勾股各自乘，并而开方除之，即弦。"赵爽创制了一幅"勾股圆方图"，用数形结合的方法，给出了勾股定理的详细证明（如图 4.24 所示）。后刘徽在《九章算术注》中也证明了勾股定理。

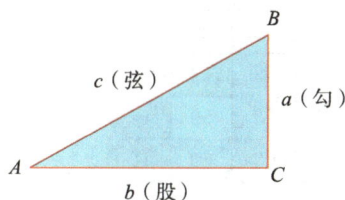

图 4.23　勾股定理示意图

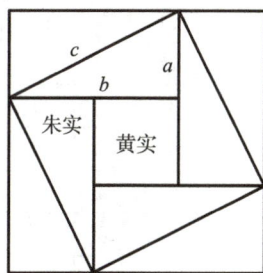

图 4.24　赵爽与弦图

动手动脑

质数又称素数，指在一个大于 1 的自然数中，除了 1 和此整数自身，不能被其他自然数整除的数。

同小组成员间可以相互交流讨论，使用编程软件完成一段程序，使得该程序能够判断任意输入的数字是素数还是合数，如图 4.25 所示。

1	2	3	4	5	6	7	8	9	10
11	12	13	14	15	16	17	18	19	20
21	22	23	24	25	26	27	28	29	30
31	32	33	34	35	36	37	38	39	40
41	42	43	44	45	46	47	48	49	50
51	52	53	54	55	56	57	58	59	60
61	62	63	64	65	66	67	68	69	70
71	72	73	74	75	76	77	78	79	80
81	82	83	84	85	86	87	88	89	90
91	92	93	94	95	96	97	98	99	100

图 4.25　素数

✎ **小资料**

素数与筛法

筛法是一种用来求所有小于 N 的素数的方法。把从 2（素数是指大于 1 的自然数）开始的某一范围内的正整数按从小到大顺序排列，逐步筛掉非素数，留下素数（如图 4.26 所示）。

1	2	3	4	5	6	7	8	9	10
11	12	13	14	15	16	17	18	19	20
21	22	23	24	25	26	27	28	29	30
31	32	33	34	35	36	37	38	39	40
41	42	43	44	45	46	47	48	49	50
51	52	53	54	55	56	57	58	59	60
61	62	63	64	65	66	67	68	69	70
71	72	73	74	75	76	77	78	79	80
81	82	83	84	85	86	87	88	89	90
91	92	93	94	95	96	97	98	99	100

图 4.26　素数筛法示意图

用筛法求素数的基本思想是：把从 2 到 N 的一组正整数按从小到大顺序排列，从中依次删除 2 的倍数、3 的倍数、5 的倍数，直到根号 N 的倍数为止，剩余的即为 2 到 N 之间的所有素数。例如有：

2, 3, 4, 5, 6, 7, 8, 9, 10,

11, 12, 13, 14, 15, 16, 17, 18, 19, 20,

21, 22, 23, 24, 25, 26, 27, 28, 29, 30,

去掉 2 的倍数（不包括 2），余下的数是：

3, 5, 7, 9, 11, 13, 15, 17, 19, 21, 23, 25, 27, 29

剩下的数中 3 最小，去掉 3 的倍数，如此下去直到所有的数都被筛完，求出的素数为：

2, 3, 5, 7, 11, 13, 17, 19, 23, 29

循环计算参考程序（如图 4.27 所示）：计算 $1 + 2 + , \cdots , + 100$。

$i = 0$, sum = 0;

循环 100 次；

$i = i + 1$;

$sum = sum + i$。

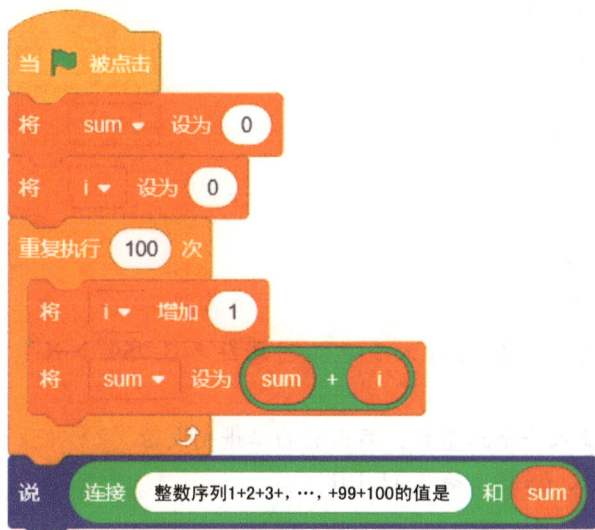

图 4.27　循环计算参考程序

素数判定参考程序（如图 4.28 所示）：输入一个数 n，输出的 n 是素数还是合数？

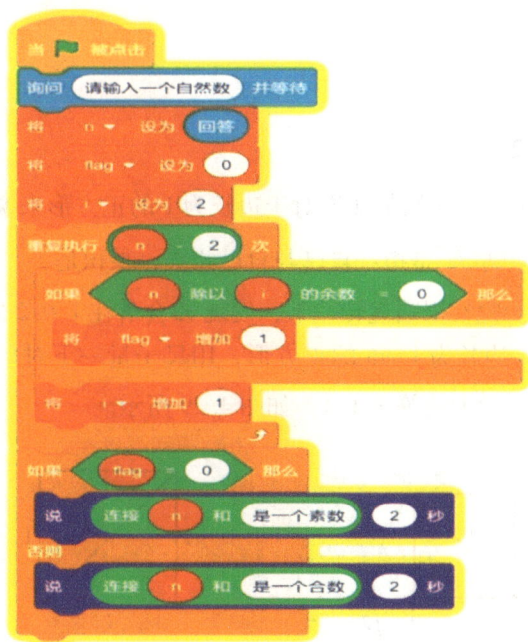

图 4.28　素数判定参考程序

flag = 0；
for i = 2 to n − 1；
if $n \equiv 0$（mod i）；
flag = 1；
if Flag = 0 素数；
else 合数。

挑战任务

任务1：用户在银行存入 x 元，利息每年 3.25%，计算 20 年后存款余额。

任务2：输入一个正整数，写出它的二进制表示。

例如，输入 n = 19，输出 11 101。

4.2　分治算法

想一想

如何估算 $\sqrt{2}$？

4.2.1　估算 $\sqrt{2}$

学完勾股定理之后，我们都知道对于边长为 1 的正方形来说，对角线长度是 $\sqrt{1^2 + 1^2} = \sqrt{2}$。这里 $\sqrt{2}$ 是指：自己与自己相乘，乘积是 2。

那 $\sqrt{2}$ 到底是多少呢？用圆规转一下，发现 $\sqrt{2}$ 会落在 1 和 2 之间，也就是比 1 大，比 2 小。画一个边长为 1 cm 的正方形，用尺子量一下对角线，估计长度是 1.4 cm，也就是说，$\sqrt{2}$ 大约等于 1.4，如图 4.29 所示。

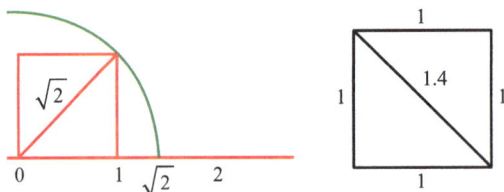

图 4.29　边长为 1 的正方形的对角线长度大约为 1.4

若要把$\sqrt{2}$估计得更准确，就可以先猜测$\sqrt{2}$的一个估计值，然后进行正向运算，如果估计值平方比$\sqrt{2}$大就减少一点，比$\sqrt{2}$小就增大一点，这样不断调整估计值，很快就估计得越来越接近$\sqrt{2}$。

学一学

$\sqrt{2}$的传说和趣事。

1. $\sqrt{2}$是怎么发现的？

毕达哥拉斯的一位学生叫希帕索斯，他发现边长为 1 的正方形的对角线长度不是整数，也不能用分数表示，所以只能创造出一个新的数来表示，这个数就是$\sqrt{2}$。

2. 毕达哥拉斯是谁？

毕达哥拉斯是一名古希腊哲学家、数学家和音乐理论家，和我国的孔子是同时代的人。和孔子一样，毕达哥拉斯也收了很多学生，形成了一个学派，这个学派证明了毕达哥拉斯定理：直角三角形两直角边长度的平方之和等于斜边长度的平方，也就是中国古代的"勾股定理"。毕达哥拉斯是用了 4 个直角三角形摆成两种正方形来证明的（如图 4.30 所示）。

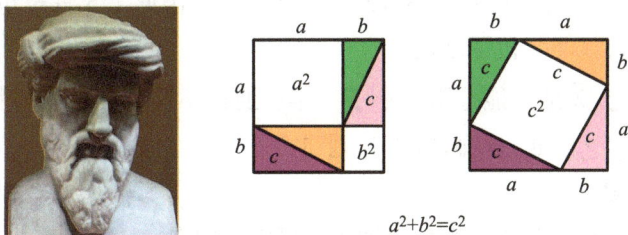

图 4.30　毕达哥拉斯像与毕达哥拉斯定理的证明过程

据说证明了这个定理之后，毕达哥拉斯非常高兴，杀了 100 头牛庆祝，所以这个定理又称为"百牛定理"。

3. 为什么说$\sqrt{2}$发现的是一件重要的事情？

毕达哥拉斯学派信奉"万物皆数"，就是世上万物都能用"整数或整数之比"来表示。

毕达哥拉斯认为整数及整数之比重要的原因：相传毕达哥拉斯路过铁匠铺，

觉得打铁时大锤和小锤的敲击声特别和谐，原来大锤小锤的质量之比恰好是特定整数之比，像图4.31一样。

希帕索斯发现 $\sqrt{2}$ 破坏了"万物皆数"这个信条，相传被毕达哥拉斯学派的人投入海中。

事实上，$\sqrt{2}$ 是一个无理数，就是不能表示成"整数之比"的数，是无限不循环的：

$$\sqrt{2} = 1.414\ 213\ 562\cdots$$

图4.31　毕达哥拉斯敲钟

4.2.2　估计 $\sqrt{2}$ 实验

1. 基本思路

用圆规把对角线转过来，发现对角线长度（也就是 $\sqrt{2}$）比 1 大，比 2 小，这个范围用中括号来表示，写成 [1, 2]。

💡**想一想**

我们能否把这个范围缩小一点呢？如何缩小？

用之前学过的"二分法"缩小范围：1 和 2 之间的中点是 1.5，先猜测 $\sqrt{2}$ = 1.5。验证 1.5 的平方：$1.5 \times 1.5 = 2.25$，比 2 大，因此 1.5 肯定也比 $\sqrt{2}$ 大。因此，肯定在 [1, 1.5] 范围之内。

这样，就把 $\sqrt{2}$ 的可能范围缩小了一半。通过不断重复，就能把范围缩得越来越小，足够小之后就能精确估计出 $\sqrt{2}$ 了。

2. 编程步骤

（1）角色设计。只用一个角色即可，可以随便选。

（2）变量设计：

①low：表示估计范围的下边界；low 意思是"下边的"。

②up：表示估计范围的上边界；up 意思是"上边的"。

③mid：表示估计范围的中间数；mid 是 middle 的缩写，意思是"中间的"。

④num：表示循环次数。

⑤list：一个列表，记录每次估计范围的中间数 mid。

（3）过程描述与代码展示。开始时，把估计的范围设置成 [1, 2]，就是设置 low = 1，up = 2。接下来计算估计范围的中间数 mid = (up + low)/2 = 1.5，如

图 4.32 所示。

那么 mid 的平方 mid × mid 比 2 大
还是比 2 小都有可能，分两种情况：

①如果 mid 的平方 mid × mid 比
2 大，那么 mid 也应该比 $\sqrt{2}$ 大，因此

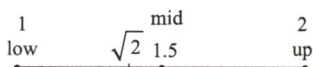

图 4.32 "二分法"缩小所在的范围：
从一开始的范围 [1，2] 缩小到 [1，1.5]

$\sqrt{2}$ 肯定在 [low，mid] 这一范围内。把 up 重新设置成 mid，继续迭代。

②如果 mid 的平方 mid × mid 比 2 小，那么 mid 也应该比 $\sqrt{2}$ 小，因此 $\sqrt{2}$ 肯定
在 [mid，up] 这个范围内。把 low 重新设置成 mid，继续迭代。

主程序不断重复这个过程，直到 mid × mid 跟 2 相差不大，换句话说，mid 和
$\sqrt{2}$ 相差也不大，这时说出 mid 即可（如图 4.33 所示）。

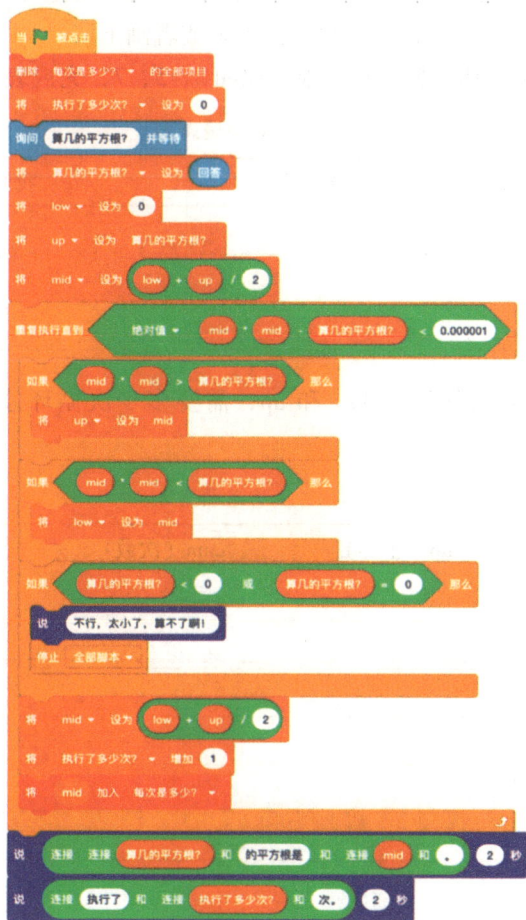

图 4.33 估计 $\sqrt{2}$ 的程序

实践探究

估计 $\sqrt{2}$

（1）实验目的：通过编写估计 $\sqrt{2}$ 的程序加深对本节知识的理解。

（2）实验工具：Scratch 程序。

（3）实验步骤：

①根据提示完成程序的编写。

②总结程序中的 bug 并修改。

这里总结了一个容易出现的 bug，并给出了原因及改正方法。

bug：列表里的数很多很多，并且算得也不准。

原因及改正：忘记清空列表了，清空列表之后就一切正常了。

③对实验进行分析：将运行结果截图下来或者画下来。

除了 2，计算一下其他数的平方根，比如 3，5，7，完成表 4.1。

表 4.1　实验记录表 1

要计算的数	计算器算的	我们算的

④输入不同的初始估计值 low 和 up，需要多少次循环才能估计准？完成表 4.2。

表 4.2　实验记录表 2

low（下界）	up（上界）	num（次数）	结果

动手动脑

计算 $\sqrt[12]{2}$。

先估计一个值，比如 1.5，然后算它的平方 $1.5 \times 1.5 = 2.25$，比 2 大，说明估计得太高了，需要再调低一点。

同样，算估计值的 12 次方，然后跟 2 比大小，大的话就把估计值调低一点，小的话就增加一点。程序如图 4.34 所示。

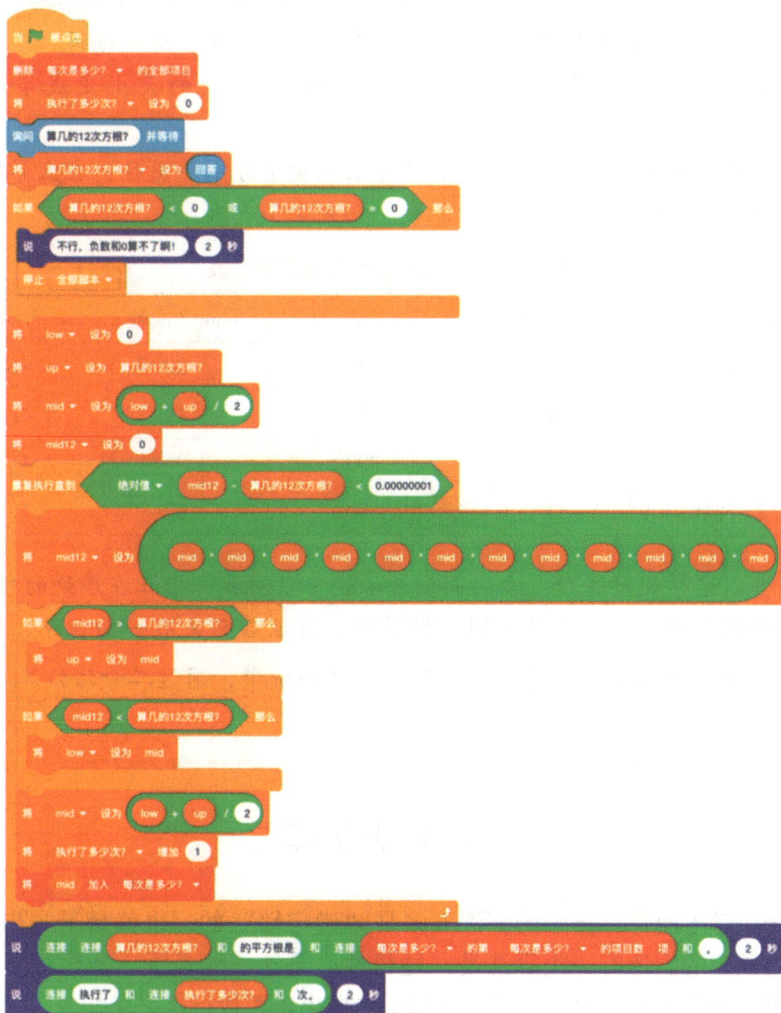

图 4.34　估计 $\sqrt[12]{2}$ 的 "二分法" 程序

科学拓展

估计 $\sqrt{2}$ 更快的方法

估计 $\sqrt{2}$ 并不需要每次都是取中间数 $mid = (low + up)/2$，其实取这个范围中的任何一个数都可以，比如取得偏一点儿，用黄金分割点：开始时，估计在 $[1, 2]$ 这个范围，也就是说 $low = 1$，$up = 2$，下一次的估计值不取 1.5，而是取黄金分割点 1.618。

因为 1.618 的平方是 $1.618 \times 1.618 = 2.618$，比 2 大，也就是说 1.618 肯定比 $\sqrt{2}$ 大，所以我们可以断定 $\sqrt{2}$ 肯定在 $[1, 1.618]$ 这个范围之内。这样就把范围从 $[1, 2]$ 缩小到 $[1, 1.618]$，范围的大小变成了原来的 0.618。

发现：在上界比较大的时候，二分法比黄金分割法更快；在上界比较小的时候，黄金分割法比二分法更快，如表 4.3 所示。

表 4.3　二分法与黄金分割法对比表

所用方法	low（下界）	up（上界）	num（次数）	结果
二分法	1	2	20	1.414 2
黄金分割法	1	2	19	1.414 2
二分法	1	300	28	1.414 2
黄金分割法	1	300	32	1.414 2

可以这样理解递归：在两面相对的镜子之间放一根正在燃烧的蜡烛，我们会从其中一面镜子里看到一根蜡烛，蜡烛后面又有一面镜子，镜子里面又有一根蜡烛……这就是递归。在这一讲中，通过二分法估算 $\sqrt{2}$ 也是递归。

4.3　随机算法

对于小学生而言，接触的算法大多是"确定性"的，也就是下一步执行哪条指令是固定的。还有一类算法是"随机性"算法，就是下一步执行哪条指令可不是事先固定死的，而是"抛一枚硬币，抛出正面执行这一条指令，抛出反面执行另一条指令"。我们设计了"布丰投针估计 π""打圆形靶子估计 π"及

"布朗运动和醉汉的脚步"实验，意在引导学生从随机算法的角度思考问题。

"布朗运动和醉汉的脚步"实验，意在告诉学生很多天然现象的本质就是随机；而"布丰投针估计π"和"打圆形靶子估计π"实验，是想让学生体会到即使是确定性的问题，也可以用随机方法解决。随机采样可以大大减少计算量，不需要特别多的采样，也能得到很好的结果。

> ◉ 想一想 ⠿
>
> 圆周率是多少？是如何被计算出来的？

4.3.1 圆周率

1. 概念

圆周率就是圆的周长与其直径的比值，通常用 π 来表示。周长，顾名思义，就是圆的一周的长度；直径，就是先画一条直线穿过圆心，和圆相交的两个点之间的线段的长度，如图 4.35 所示。

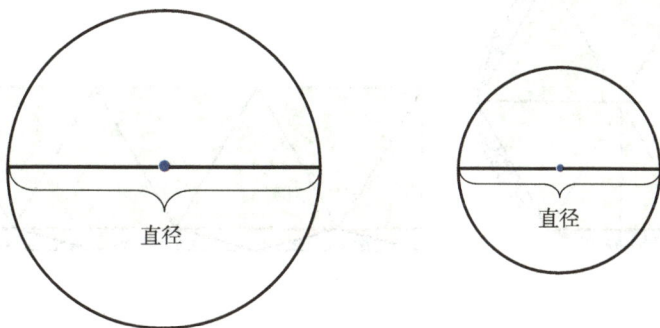

图 4.35　圆周率

2. 测量方法

（1）方法一：实测法（如图 4.36 所示）。

具体操作：找一枚圆圆的硬币，用尺子量一下它的直径，量出来应该是 2.8 cm；再用一根线绕圆一周，量出长度，周长应该是 9.0 cm；通过计算两者之比，可以估计出圆周率 π ≈ 9.0 ÷ 2.8 ≈ 3.21。

图 4.36　实测法测量圆周率

缺点：测量粗糙，不准确。

动手动脑

（1）拿出一枚硬币，按照上面操作测量硬币的周长与直径，求比值算出圆周率。

（2）与其他人对比测出来的圆周率是否一样。

（2）方法二：刘徽割圆术。

具体操作：用多边形的周长代替圆的周长。比如图 4.37 中的六边形（绿色的），看起来有点像圆了，不过还有一点差别，就再多一点儿，用十二边形（蓝色的），就更像圆了。再多一点儿，用二十四边形（黄色的），就跟圆非常像了。最后估计出来的值在 3.141 592 6 和 3.141 592 7 之间。

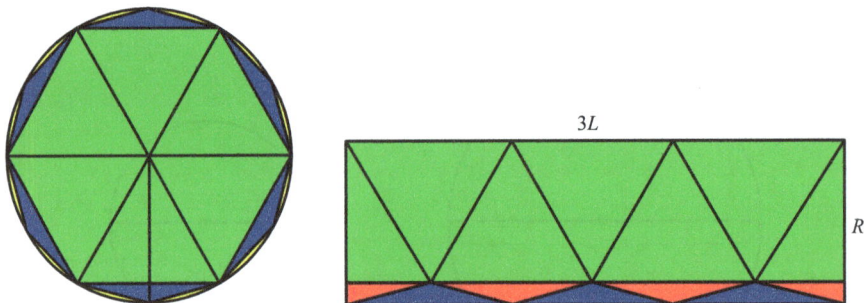

图 4.37　刘徽割圆术

小资料

古代人说"周三径一"，意思是说一个圆的直径是 1 尺①时，周长就是 3 尺，换句话说，古时计算的圆周率 π 等于 3。

割圆术要点：割之弥细，所失弥少，割之又割，与圆合体。

（3）方法三：布丰投针。

这种方法很奇怪，根本看不到圆，就是在纸上画一些横线，然后扔一根针，数一数针碰线的次数就行了。

———————————

① 1 尺 = 0.33 m。

学 一 学

布丰投针的原理与模拟实验。

4.3.2　布丰投针原理

布丰是法国数学家（如图 4.38 所示），以"布丰投针"实验闻名于世。

布丰投针实验的操作法：在纸上画很多条平行线，线之间的距离都等于 1 cm，把一根长为 1 cm 的针随机投上去，则针碰到线的概率是 $2/\pi \approx 0.63$。

所谓概率，就是"机会"，就是"可能性"。这里的"概率是 $2/\pi$"的意思就是说，要想碰线 2 次，平均得扔 3 次；要想碰线 20 次，平均得扔 31 次；要想碰线 200 次，平均得扔 314 次。

变换一下线之间的宽度，比如是 d cm，再改变一下针的长度，比如是 l cm（针的长度要比线的间距小，即 $l \leqslant d$），那么针碰到线的概率就是 $\dfrac{2}{\pi} \times \dfrac{l}{d}$。

图 4.38　布丰

1. 布丰投针法

横线之间的间隔是 1 cm，折了一段长为 1 cm 的铅笔芯当作针，投掷到本子上（如图 4.39 所示）。因为铅笔芯的长度恰好等于线的间隔宽度，因此铅笔芯有时候碰不到线，有时会碰到一根线，

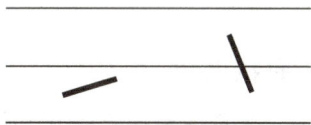

图 4.39　布丰投针

但不会碰到两根线。在这里展示一下之前的实验结果：一共扔 60 次，撞线 38 次。

⊙ 想一想

要想碰线 2 次的话，平均得扔几次针？

扔了 60 次碰线 38 次，那么碰线 1 次平均需要扔 $60 \div 38 = 1.57$ 次针，碰线 2 次平均需要扔 $2 \times 1.57 = 3.14$ 次针。这里可以看出，虽然没有圆，但是有了圆周率的影子。

2. 历史上有名的实验

布丰投针法，只需要"扔针、记录碰线次数"就能估计出来，所以很受关

注。很多人都重复了布丰投针实验，表4.4是一些比较有名的实验。

表4.4 布丰投针实验记录表

做实验者	年份	投了几次针	碰线次数	估计出的 π
Wolf	1850	5 000	2 532	3. 159 6
Smith	1855	3 204	1 218. 5	3. 155 4
C. De Morgan	1860	600	382. 5	3. 137
Fox	1884	1 030	489	3. 159 5
Lazzerini	1901	3 408	1 808	3. 141 592 9
Reina	1925	2 520	859	3. 179 5

接下来，请同学们延续这个实验。

动手动脑

跟着下面步骤进行"布丰投针"

步骤1：在纸上画一些等距的横线，间距2 cm（可用横线本替代）；

步骤2：折一根铅笔芯，长度等于横线间距，也是2 cm；

步骤3：多次扔铅笔芯，记录碰线的次数；

步骤4：算一下2×扔的次数÷碰线次数的值。

科技天地

你应该知道的关于布丰投针的知识。

3. 揭秘布丰投针

（1）没有圆？那么圆周率从哪里来呢？

没有圆，可以造一个圆。

方法：拿一个圆环，直径等于间距，执行扔的动作，数数几次碰线，如图4.40所示。

图 4.40 扔圆环

动手动脑

动手尝试上述实验，观察每扔 10 次，碰线_____次。

（2）把圆环取直。执行后发现，会出现 4 种情况（如图 4.41 所示）：投针和横线不相交、有 1 个交点、有 2 个交点、有 3 个交点。

图 4.41　用将圆环掰直得到的投针进行实验的 4 种情况

动手动脑

1. 碰线次数和针形状有关系吗？

扔弯针试试看，和直针对比（弯针和直针一样长），如图 4.42 所示。观察：每扔 10 次，弯针平均碰线多少次，直针平均碰线多少次。与你的同桌讨论碰线次数和针形状是否有关系。

2. 碰线次数和针长度有关系吗？

扔长针试试看，和短针对比（长针是短针的 2 倍长），如图 4.43 所示。观察：每扔 10 次，长针平均碰线多少次，短针平均碰线多少次。与你的同桌讨论碰线次数和针长度是否有关系。

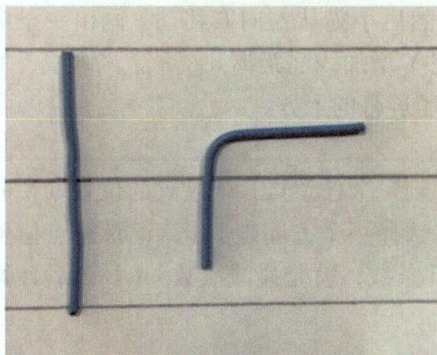

图 4.42　扔弯针和直针的对比　　　　图 4.43　扔长针与短针的对比

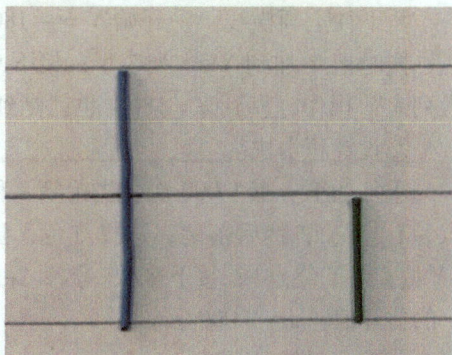

4.3.3 布丰投针实验

1. 基本思路

先让角色画出很多黑色横线，横线之间的宽度由用户指定，把横线的位置（高度或者坐标）记录下来。投针用画一条红色短线来模拟：红色短线的起点是随机选择的，方向也是随机选择的，长度由用户指定。每次投针判断一下红色针是否和一条黑色横线相交，记录下碰线次数。最后根据投掷次数和碰线次数进行估算。

2. 编程步骤

（1）角色设计。用默认的小猫角色。

（2）变量设计：

①d：表示横线之间的距离（设置 d = 20）。

②l：表示针的长度（设置 l = 10）。

③n：总共投针次数。

④hits：投针碰线的次数。

⑤（Y 起点，Y 起点）：针头的位置。

⑥（Y 终点，Y 终点）：针尾的位置。

⑦YList：一个列表，记录所有横线的高度。

⑧I：第几条横线。

⑨Y：表示一条横线的高度。

（3）过程描述。把程序分作 3 个积木块：主程序、画横线、投针（如图 4.44 所示）。

①画横线积木块。

从下往上画横线：一开始 Y = -180，然后小猫从左向右移动，画出一条横线，同时把 Y 加到 YList 列表里；接下来把 Y 增加线间距离 d，重复"画线、加入列表"操作，直到 Y = 180，也就是到达了屏幕的上方。

②投针积木块。

重复如下步骤 1 000 次：先抬笔，移动到一个任意点，记录点的位置（X 起点，Y 起点）；然后落笔，选择红色，随机选择一个方向走 l 步，记录终点位置（Y 终点，Y 终点）；接下来数一数针穿过几条线，就是碰线次数 hits。最后计算 π 的估计值：π ≈ 1 000/hits。

③数穿过线的条数。

对于列表里的每一条线，判断一下红色投针是否穿过这条线。至于如何判断针是否经过一条横线，如图 4.45 所示。

图 4.44　"布丰投针法"仿真程序

（a）主程序；（b）"画横线"积木块；（c）"投针"积木块

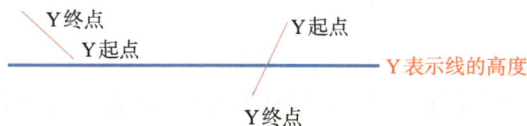

图 4.45　判断针是否碰线的方法（左侧为针未碰横线，右侧为针碰到了横线）

　　红色投针穿过横线，那么起点和终点里面肯定一头高、一头低；要是两头都高，就表示红线在横线之上；两头都低，就表示红线在横线之下。

因为已知横线的高度 Y，针头的高度是"Y 起点"，针尾的高度是"Y 终点"，只要"Y 起点大于 Y，并且 Y 终点小于 Y"，或者"Y 终点大于 Y，并且 Y 起点小于 Y"，那么针就一定经过这条横线。

● 实践探究

布丰投针估计 π 的仿真程序

（1）工具：Scratch 程序。

（2）步骤：

①根据提示完成程序的编写。

②总结程序中的 bug 并修改。

这里总结了一个容易出现的 bug，并给出了改正方法；

bug：在投针的过程中，起点和角度都是随机的，很容易搞成固定的。例如，取针的方向时，如果是固定的，那么所有针都会朝向一个地方，而且 π 也会算不准。

改正：面向 0°到 360°的方向取随机数。

③对实验进行分析：设置横线间距离 d = 20，针的长度 l = 10，重复了 1 000 次投针实验，将结果图画出来或者截图下来。

5 个人用自己写的仿真程序各投掷了 10 000 次，完成表 4.5。

表 4.5　布丰投针实验记录表

做实验者	年代	投了几次针	碰线次数	估计出的 π

（3）布丰投针法估计圆周率的终极解释。

布丰投针法是一个初看起来很奇怪的方法：只有横线没有圆，竟然能够估算 π。

我们总结了这 4 步的实验，就清楚为何用长度等于 20 的针（和横线间距离相等），要碰线 2 次的话，大概得扔 3.14 次了。

①用直径是 20 的圆环每扔 1 次，碰线 2 次。

②把圆环掰直，做成一根长为 62.8 的针，每扔 1 次，碰线大约 2 次。

③把针变短，变成长为 20 的针，则每扔 1 次，碰线大约 2 × 20/62.8 = 2/3.14 次（按比例缩小）。反过来说，要想碰线 2 次，得扔 3.14 次。

④把针再变短，变成长为 10 的针，则每扔 1 次，碰线大约 2 × 10/62.8 = 1/3.14 次（按比例缩小）。反过来说，要想碰线 1 次，得扔 3.14 次。

"布丰投针法"能估计 π 值的原因：冯·诺依曼认为每当 π 出现，后面总是会有一个圆。这里的圆，就是直径等于横线间距离的钥匙环。

为了能够更好地理解，最好的方法是先动手做一些提升兴趣，且有助于发现和理解规律实验：用铅笔芯在横线本上扔、用小木棍往木地板上扔，以及用圆形的钥匙环往横线本上扔。

在做完这些实验之后，有了直观认识，再写程序，就清楚多了！

■ 4.4　量子算法

当前，量子时代正在加速到来。量子领域中，最为人们所关注的就是颠覆经典计算的量子计算。作为一种依照量子力学理论进行的新型计算，量子计算能够利用量子的状态叠加和相互纠缠来产生巨大的计算能力。

学一学

什么是量子算法？

4.4.1　量子计算

量子计算试图借助量子力学特性来获得计算上的加速。量子力学特性是指量子叠加和量子纠缠，如图 4.46 和图 4.47 所示。

量子叠加，就是指一个量子系统可以处在不同量子态的叠加态上。著名的"薛定谔的猫"理论曾经形象地表述为"一只猫可以同时既是活的又是死的"。

量子纠缠是一种奇怪的量子力学现象，处于纠缠态的两个量子不论相距多远都存在一种关联，其中一个量子状态发生改变，另一个的

图 4.46　量子叠加

图 4.47　量子纠缠

状态会瞬时发生相应改变。量子力学中的纠缠对可以比作一台把相反颜色球向相反方向投掷的机器。当 Bob 抓到一个球、看到它是黑色的，他立即就可以知道 Alice 抓到的是白色的球，如图 4.48 所示。

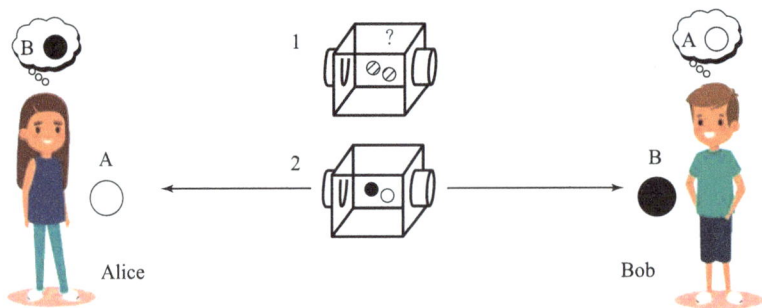

图 4.48　量子纠缠的例子

⊙ 科技天地

你应该知道的关于量子算法的知识。

1. Bell 不等式与量子纠缠

首先通过一个小游戏来了解 Bell 不等式，如图 4.49 所示。

Alice 和 Bob 一起在 2×2 的格子上同 Tom 玩一个游戏：Alice 在 A1 和 A2 中填入 $+1$ 或者 -1；Bob 在 B1 和 B2 中填入 $+1$ 或者 -1；Tom 随机地选择其中一行或者一列，要求其中填写的两个数的乘积等于 $+1/+1/+1/-1$。

问题：Alice 和 Bob 能获胜吗？

A1	B2	+1
B1	A2	+1
+1	−1	

图 4.49　CHSH 游戏

> **动手动脑**

（1）3 人一组玩一玩这个游戏。
（2）算一算获胜的概率。

如果没有纠缠的话，那么他们的获胜概率是 3/4，就是随意填。

如果存在量子纠缠，那么他们的获胜概率就是 85.36%。

具体算法如下：

第一列正确的概率：$(1 + A_1B_2)/2$；

第二列正确的概率：$(1 - A_2B_2)/2$；

总的概率：$1/2 + (A_1B_1 + A_1B_2 + A_2B_1 - A_2B_2)/8$。

如果没有纠缠，$A_1B_1 + A_1B_2 + A_2B_1 - A_2B_2 \leqslant 2$，这也就是 Bell 不等式。

如果存在量子纠缠，$|(A_1,B_1) + (A_1,B_2) + (A_2,B_1) - (A_2,B_2)| = 2\sqrt{2}$。

因此，可以得到上面的概率。于是，如果玩家们的获胜概率超过某个阈值的话，就可以认为它们之间存在量子纠缠。

2. 从图灵机到二进制计算机到量子计算机

（1）图灵机。

1936 年英国数学家图灵（如图 4.50 所示）所提出的图灵计算机，简称图灵机。图灵机包含目前的计算机的三个基本单元：存储器、读写单元、控制单元。存储器用以存储信息，读写单元用以在存储器中读取或者写入信息，而控制单元根据读写单元提供的信息按照内部逻辑更改或删除原有的信息，以达到我们期望的计算结果。

例如，在图灵机执行运算时按照以下步骤依次进行：首先，读写头从存储器获取存储信息，并将此信息传递到控制单元；其

图 4.50 图灵

次，控制单元按照既定算法更改自身的状态，以及输出新的数值到读写单元中；再次，读写单元向存储器的当前位置写入新的值；最后，控制单元按照算法决定移动方向，并进行下一轮的读写。

（2）二进制计算机。

图灵机的诞生证明了通用计算机的可行性，引入了读取、算法等基本概念，

并指出了计算机应有的基本框架，现代计算机正是在此基础上发展而来的。目前传统计算机依托于线与门的组合，以比特作为信息的基本单位。比特可以取值为0或1，以代表不同的信息。

相比图灵机，二进制计算机通过导线与逻辑"门"的结合，实现了图灵机读写单元与控制单元的实际功能。基础的逻辑"门"包含与门、或门、非门、异或门、与非门等。通过逻辑"门"，可以实现根据输入信息按照既定逻辑产生相应输出信息。比如与门，仅当两个输入都是1的时候，才输出1，否则都输出0，如图4.51所示。

（3）量子计算机。

基于量子叠加特性最让人们期待的应用就是运算功能超级强大的量子计算机，如图4.52所示。

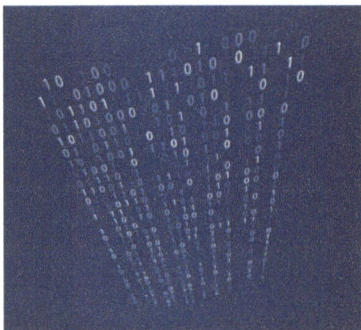

图4.51　二进制

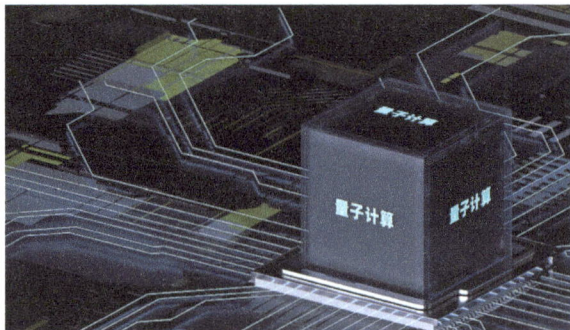

图4.52　量子计算机

在量子计算出现以前，经典计算机采用二进制的"位"（用0或1表示）作为信息存储单位，进而实现各种运算。而经典计算机运算过程则是经由对存储器所存数据的操作来实施的。并且，经典计算机无论其存储器有多少位，一次只能存储一个数据，对其实施一次操作只能变换一个数据。因此，在运算时必须连续实施多次操作，这就是串行计算模式。

与经典计算机不同，量子计算机的信息单元是量子位。量子位最大的特点就是其可以处于0和1的叠加态，即一个量子位可以同时存储0和1两个数据，而传统计算机只能存储其中一个数据。比如一个两位存储器，量子存储器可同时存储"00""01""10""11"四个数据，而传统存储器只能存储其中一个数据。

⊙想一想

量子计算符合图灵模型吗？

4.4.2 量子算法

通过以上内容的学习已了解图灵机的组成为有穷控制器、读写头、无穷纸带和转移规则。事实上，量子计算也是完全符合图灵模型的，两者的唯一差别是经典计算机可能在计算效率上稍微差一些。

在量子图灵机上运行量子算法：

（1）从可计算性的角度，量子计算也不能够解决不可计算的问题（停机问题）；

（2）量子计算在一些重要问题上比经典算法更有效率。

▶ 知识小总结

1. 量子计算

试图借助量子叠加和量子纠缠来获得计算上的加速。量子叠加，就是指一个量子系统可以处在不同量子态的叠加态上。量子纠缠是指处于纠缠态的两个量子不论相距多远都存在一种关联，其中一个量子状态发生改变，另一个的状态会瞬时发生相应改变。

2. Bell 不等式与量子纠缠

如果玩家们的获胜概率超过某个阈值的话（不满足 Bell 不等式），就可以认为它们之间存在量子纠缠。

挑战任务

思考：在哪些问题上，量子算法能比经典算法有效率？

■ 4.5 走迷宫实验

◉想一想

如何能最快找到迷宫的出口？

圆明园里有一个用一人高的砖墙建造的迷宫"万花阵"（如图 4.53 所示），迷宫里的路有很多分叉口，还有些路是死胡同。从入口进去之后，想要到达出口可不容易：在只知道整体目标的情况下，当前碰到分叉口怎么选择？如果走到死胡同了，该退回到哪里重新走呢？

很多事情本质上就是"走迷宫"。比如解数学题，已知条件就是迷宫入口，

图 4.53　圆明园"万花阵"迷宫

要证明或求解的目标是迷宫出口，每一步都可沿着多个方向尝试推导，每一个方向就是一个分叉，推着推着推不下去或者偏离目标太远了，就要立即退回再继续尝试。哪条路能够走通，哪条路有坑，是无法预知的。

动手动脑

使用程序设计一个走迷宫的小游戏。设计规则：

（1）每次只能从与当前位置相邻的点选择一个；

（2）可以从出口往回试探；

（3）有些地方埋有地雷，表示此路不通，得退回去重新选择。

4.5.1　走迷宫实验基本思路

总共有 $7 \times 7 = 49$ 个小球，若要为每个小球都创建一个角色，那么还需为每个小球都写一段脚本，太过复杂！

走迷宫游戏主程序如图 4.54 所示。

一个高效的实现方法是应用克隆技术。因为所有小球的脚本都是一样的，所以我们可以建立小球的 49 个克隆体，这样只需要写一份脚本，如图 4.55 所示。

画迷宫模块参考程序代码如图 4.56 所示。

图 4.54　走迷宫游戏主程序

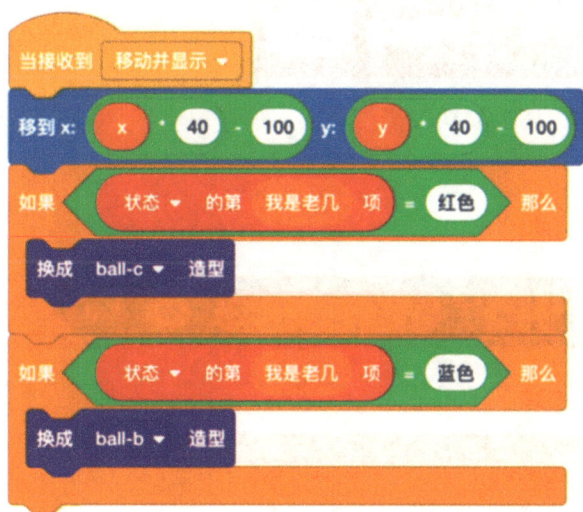

图 4.55 克隆体"移动并显示"消息处理模块　图 4.56 画迷宫模块参考程序代码

埋地雷模块参考程序代码如图 4.57 所示。

走迷宫游戏中小球被点击时的动作模块，如图 4.58 所示。

找邻居模块参考指令如图 4.59 所示。

给小球赋予颜色，表示如下意思：

红色：表示能够从"入口到达此处"，换句话说，表示已经"找到过从入口到达这里的一条路"。

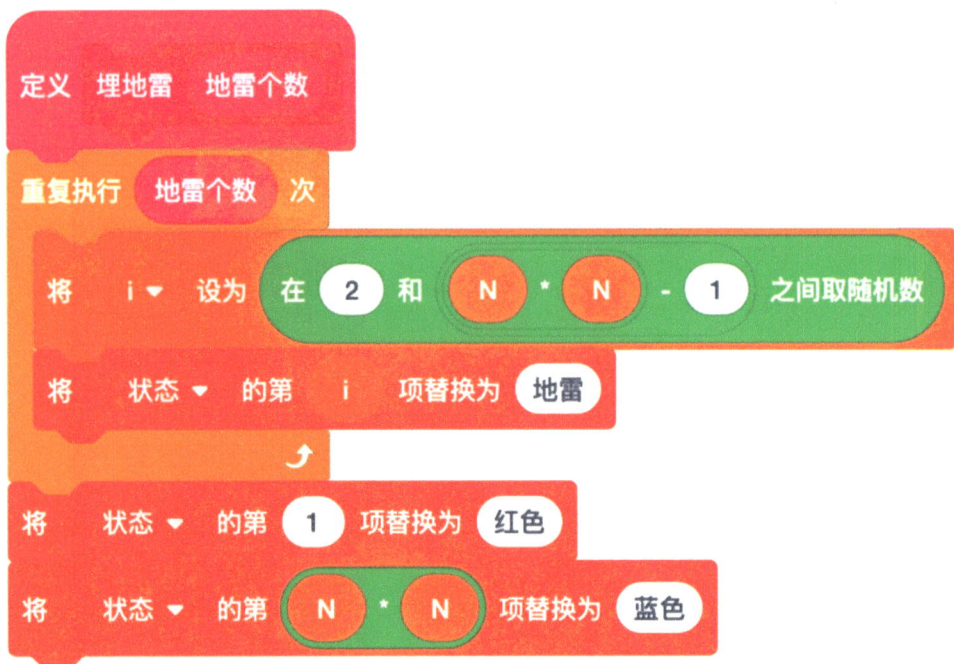

图 4.57　埋地雷模块参考代码

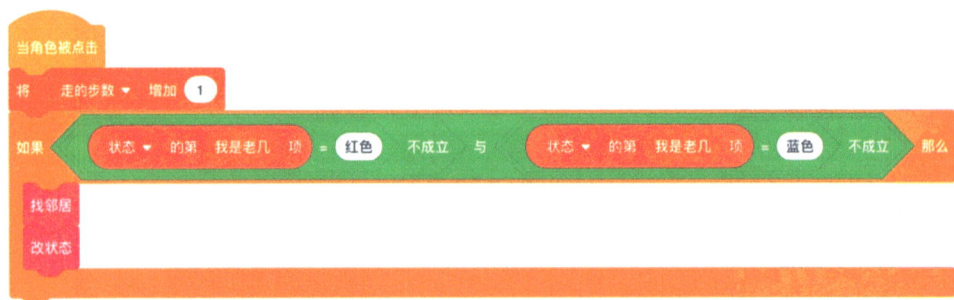

图 4.58　走迷宫游戏中小球被点击时的动作模块

蓝色：表示能够从"此处到达出口"，换句话说，表示已经"找到过从出口到达这里的一条路"；

黄色：表示还不知道怎样从入口到达这里，也不知道如何从出口到达这里。

开始时，左下角入口处的小球克隆体是红色的，右上角出口处的小球克隆体是蓝色的，其他小球都是黄色的。

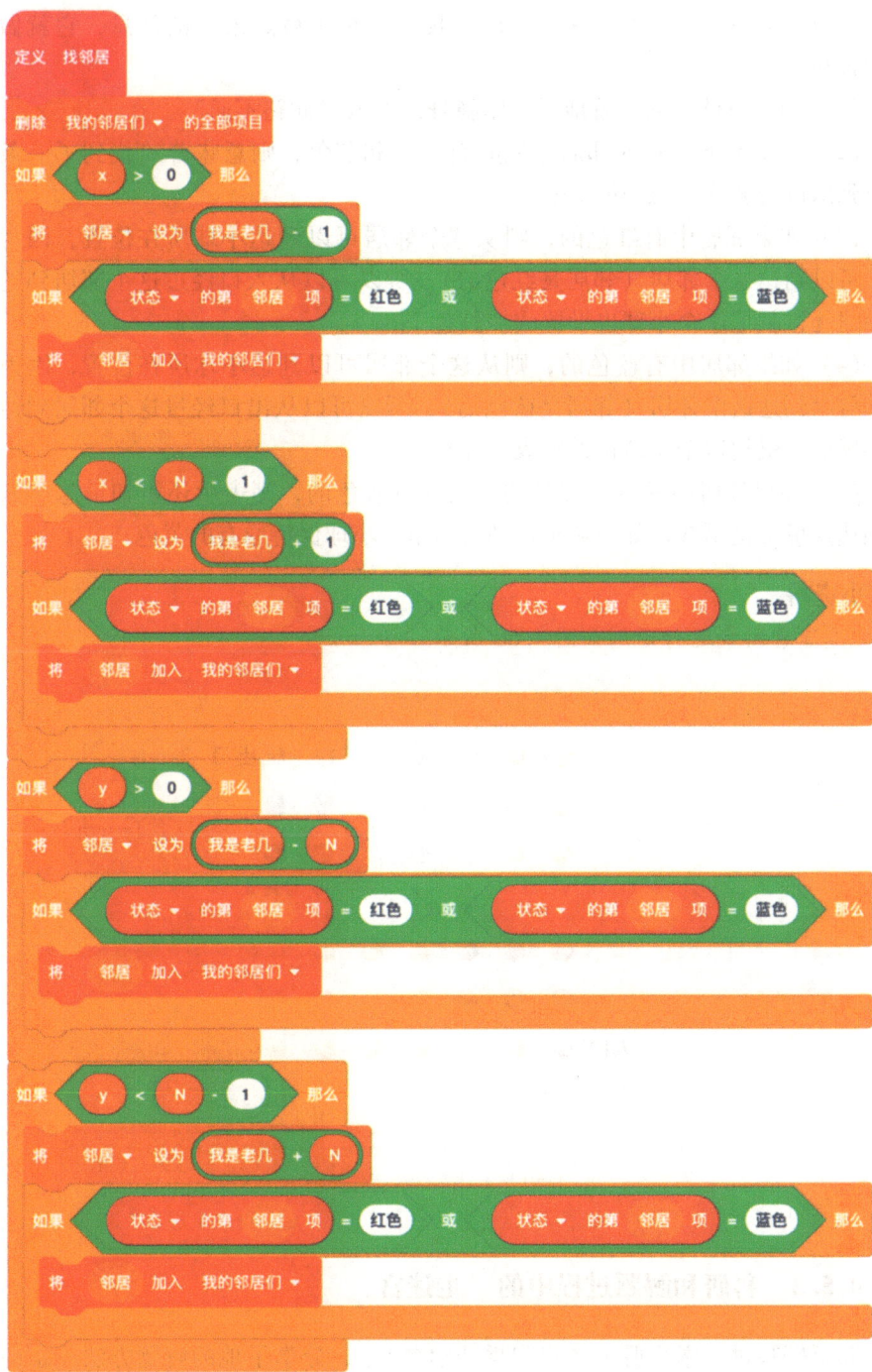

图 4.59　找邻居模块参考指令

每当点击一个小球时，这个小球会收到"角色被点击"的消息，它就做如下检查和判断：

（1）如果小球下面埋着地雷，则隐身，表示"此路不通"。

（2）如果上下左右的邻居中同时有红色和蓝色，则意味着"找到了一条从入口到出口的通路"，成功结束。

（3）如果邻居中有红色的，则从这个邻居可以到达小球所在位置，因为从入口可以到达这个邻居（邻居是红色的），所以可以从入口经过这个邻居到达这个小球处，就把这个小球也设置成"红色"。

（4）如果邻居中有蓝色的，则从这个邻居可以到达小球所在位置，因为从出口可以到达这个邻居（邻居是蓝色的），所以可以从出口经过这个邻居到达这个小球处，就把这个小球也设置成"蓝色"。

（5）如果邻居中既没有红色的，也没有蓝色的，则表示还不知道怎样从入口到达这里，也不知道如何从出口到达这里，小球保持原有的黄色。

✏ 小资料

走迷宫游戏运行示例如图 4.60 所示。

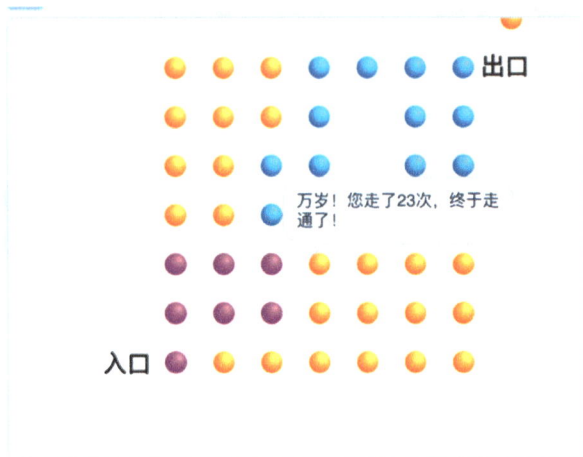

图 4.60　走迷宫游戏运行示例

4.5.2　科研和解题过程中的"走迷宫"

陶哲轩写过一本小册子《跟陶哲轩学解题》，分享了他的解题方法：拿一张大纸，顶上写已知条件，底下写待求解的目标，然后从已知条件向下推理，推出的中间结论都先记录下来，直到能够推导出目标。当然，推理不仅可以从已知条件向下推理，还可以从目标倒推，就是明确"要证明目标成立，需要有哪些条件"，只要最后找到一条"从已知到目标"的路就成功了。

除了解数学题，科学研究的过程也是"走迷宫"，也是不断地尝试、摸索、回溯，时刻衡量当前距离整体目标还有多远、是否偏离目标，有时甚至连整体目标都不能事先定义清楚，是一种朦胧的状态。

设计这个游戏的初衷，就是希望学生在玩这个游戏的过程中体会到搜索、回溯，选择尝试的策略，判断是否偏离目标，并在将来解数学题、做研究时能够自然而然地应用起来。

第 5 章

大实验

本章将通过两个大实验，将本书所学的硬件和软件知识融合进行设计应用。

通过搭建实验更加深刻地理解逻辑思维、算法思维和系统思维。在日常学习生活中能够有意识地培养和应用计算思维。

■ 5.1 数字芯片：复现 74 逻辑电路

在之前的章节中，通过学习 ENIAC，知道 ENIAC 是世界上第一台通用计算机，它是一个庞然大物，用起来不方便。因此后来出现了第二代计算机：晶体管数字计算机。

中国第一台晶体管数字计算机（441 – B 计算机，如图 5.1 所示）由哈尔滨军事工程学院研制成功，历时 4 年（1962—1965 年），1965 年 4 月 26 日，441 – B 机通过国防科委鉴定。

第三代计算机是中小规模集成电路。之后出现了大规模集成电路，即

图 5.1 中国第一台晶体管数字计算机

第四代计算机。

学 一 学

第三代、第四代计算机的构成。

1. 第三代计算机：中小规模集成电路（1964—1970 年）

硬件方面：逻辑元件使用中小规模集成电路，主存储器采用磁芯。

软件方面：分时操作系统，结构化、规模化程序设计。

性能特点：速度更快（每秒数百万次至数千万次的计算）、可靠性更高、成本更低。

应用领域：文字处理、图形处理。

2. 第四代计算机：大规模集成电路（1970 年至今）

硬件方面：逻辑元件使用大规模集成电路。

软件方面：数据库管理系统、网络管理系统、面向使用者语言。

性能特点：速度超快、可靠性超高、成本更低（摩尔定律）。

应用领域：科学计算、过程控制、面向家庭。

科学拓展

摩尔定律

摩尔定律是由戈登·摩尔提出的：集成电路上晶体管数，约每隔 18 个月会增加 1 倍，性能也将提升 1 倍（如图 5.2 所示）。

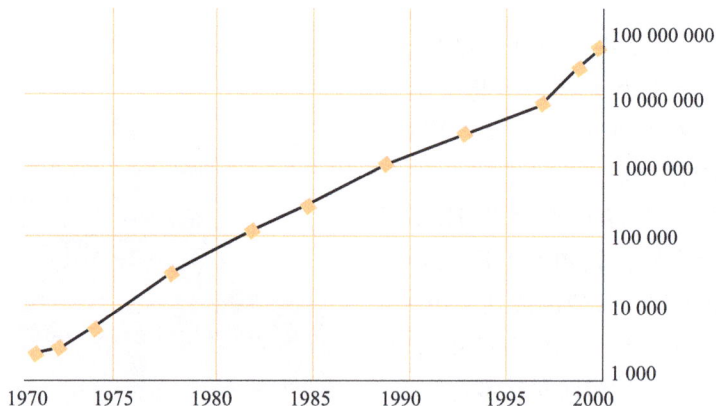

图 5.2　摩尔定律

5.1.1　了解芯片发展历程

晶体管（如图 5.3 所示）：开关元器件。我们前面也学过，知道晶体管的优点。但是能否把它做得更小呢？这么多晶体管焊接在一起，就会有虚焊，有了虚焊可靠性变差。因此，后来就出现了集成电路。

图 5.3　晶体管

集成电路（如图 5.4 所示）：就是将一些电子元器件，如电容、电阻、电感、晶体管等，制作在一块半导体（最常用的介质）晶片上，封装在管壳内，具备某种电路功能。

芯片（如图 5.5 所示）：是指集成电路的载体，是通过设计、制造、封装、测试后，可以单独使用的具备独立功能的器件。

图 5.4　集成电路

图 5.5　芯片

学一学

什么是 74 系列芯片？

5.1.2　74 系列芯片搭建逻辑电路

74 系列芯片是一个系列的数字集成电路，后面的数字代表不同的芯片种类和功能。通常情况下，只要数字相同，逻辑功能基本相同，只是性能稍有差异。

74 系列的芯片在电子集成电路中有很多基本应用，如计数器、译码器、寄存器等。常见的 74 系列芯片如表 5.1 所示。

表 5.1　74 系列芯片

型号	功能	型号	功能
74LS00	与非门	74LS08	与门
74LS02	或非门	74LS138	译码器
74LS04	非门	74LS151	数据选择器

1. 74LS08

74LS08 是与门，集成了 4 个两输入与门，即一片 74LS08 芯片内有共 4 路两个输入端的与门。

基本功能：通常情况与门有两个以上输入端，一个输出端。只有当所有输入端都是高电平（逻辑"1"）时，该电路输出才是高电平（逻辑"1"），否则输出为低电平（逻辑"0"）。

74LS08（如图 5.6 所示）常被应用在各种功能的数字电路系统中，它的引脚图如图 5.7 所示。

图 5.6　74LS08

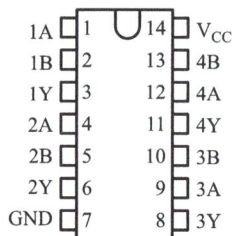

图 5.7　74LS08 引脚图

▶ **实践探究**

新的开关

（1）工具：面包板、74LS08 芯片、LED 灯、导线等电路元件。

（2）步骤：

①按照图 5.8 搭建好电路图；

②尝试用新的开关点亮 LED 灯。

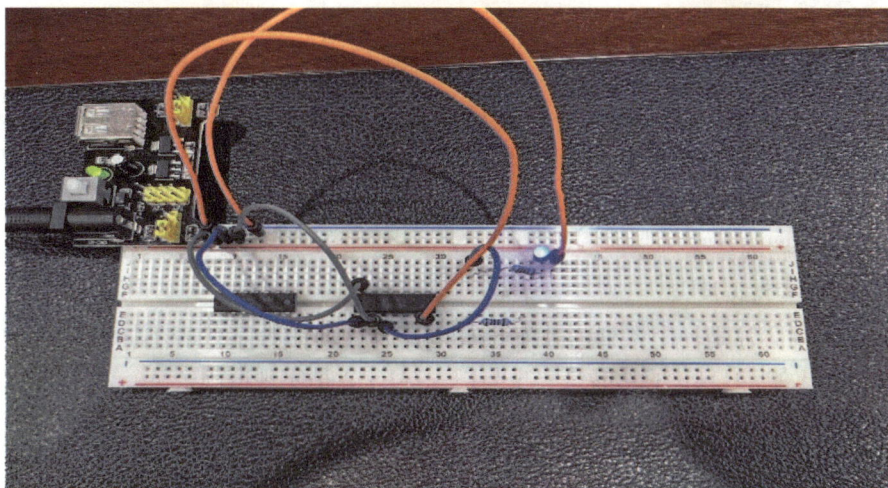

图 5.8 用 74LS08 芯片点亮 LED 灯

动手动脑

尝试使用晶体管实现 74LS08 与门芯片。

2. 74LS32

74LS32（如图 5.9 所示）是或门，集成了 4 个两输入或门，常用在各种数字电路及单片机系统中。

基本功能：或门的输入端，只要有一个输入端是高电平（逻辑"1"）时，该电路输出就是高电平（逻辑"1"）；只有两个输入端都是低电平时（逻辑"0"），输出才为低电平（逻辑"0"）。它的引脚图如图 5.10 所示。

图 5.9 74LS32

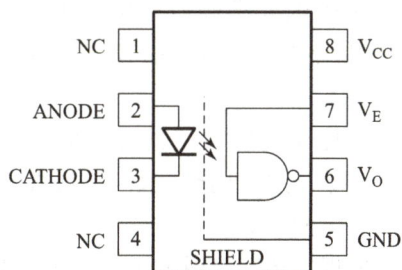

图 5.10 74LS32 引脚图

◎ 知识小总结

1. 计算机的发展

庞大的 ENIAC—晶体管数字计算机—中小规模集成电路—大规模集成电路。

2. 晶体管—集成电路—芯片

晶体管是元器件，集成电路是集成了多个元器件并具备某些功能的电路，芯片是集成电路的载体。

3. 74 系列芯片

74 系列芯片是一个系列的数字集成电路，后面的数字代表不同的芯片种类和功能，比如 74LS08 的功能是实现与门，74LS32 是实现或门。

◎ 挑战任务

尝试用晶体管实现 74LS32。

■ 5.2　阿尔法小狗

◎ 想一想

你知道"阿尔法狗"吗？它真的是一只狗吗？它是如何产生的？

平时总说的"阿尔法狗"不是一条狗而是一个计算机程序，名字叫 AlphaGo，"阿尔法狗"是它的音译。这个程序会下围棋，而且非常厉害，是第一个击败人类职业围棋选手、第一个战胜围棋世界冠军的程序（如图 5.11 所示）。

这个程序的厉害之处在于阿尔法狗用了很多人工智能技术，包括神经网络、智能搜索等。

图 5.11　阿尔法狗对战柯洁

我们现在还不会用 Scratch 写神经网络，做不了"阿尔法狗"，可以先写一个简单的会下 tic - tac - toe 棋的"阿尔法小狗"。

学 一 学

写一个会下 tic – tac – toe 棋的阿尔法小狗。

5.2.1　会下 tic – tac – toe 棋的阿尔法小狗

tic – tac – toe 棋又叫"井字棋",因为棋盘有两横两竖,像个"井"字,也叫"○×棋",因为共有两种棋子,一种是"○",另一种是"×",如图 5.12 所示。

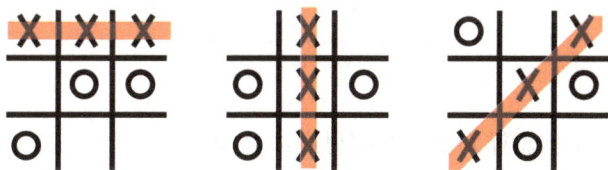

图 5.12　tic – tac – toe 棋的棋盘、棋子和输赢规则

1. tic – tac – toe 棋的规则

(1)棋盘:在纸上画个"井"字,横着两道线、竖着两道线,共分为 9 个格子。

(2)棋子:设置两种棋子,一种是"○",一种是"×"。我们规定让拿"×"的棋手先下。

(3)走法:两人轮流走子,要把棋子放到格子里,而不是像下围棋一样放在交叉点上。

(4)胜负:一方有 3 枚棋子占据了同一行、同一列,或者一条对角线,就算胜利。

2. 基本思路

(1)阿尔法小狗怎样表示棋局?

下棋时,双方在不同的格子里落子,形成的棋局千变万化,需要在程序里表示出来,方法如下:

首先,对棋盘的格子进行编号,第一行三个格子是 1,2,3 号,第二行是 4,5,6 号,第三行是 7,8,9 号;然后,用一个包含 9 个整数的列表表示每个格子上到底被谁占据:如果是被阿尔法小狗占据,列表中对应的整数项就是 1,被玩家占据就是 –1,没被占据就是 0。

以图 5.13 所示的棋局为例,1 号格子被玩家占据,用 –1 表示;2 号格子是空的，用 0 表示，其他格子依次类推，最后形成一个列表 [- 1，0，1，0，1，0，0，0，0]。

图 5.13　棋局示例

（2）阿尔法小狗怎样判断下在哪里赢面大呢？

阿尔法小狗第 2 手有 8 种可选的位置，哪一种下法赢面最大呢？

以图 5.14 中左侧阿尔法小狗尝试走 1 号位为例，它会想："如果我下在 1 号位的话，第 3 手玩家有 7 种应对方法（下在 2，3，4，6，7，8，9 号位）；玩家肯定会下他'最厉害的招数'，让我赢不了。"

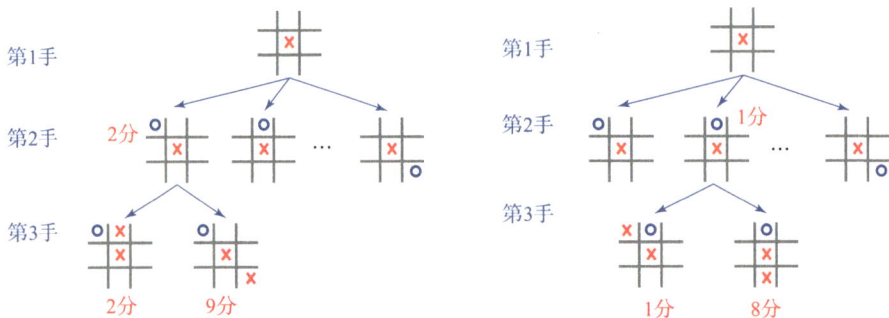

图 5.14　玩家第 3 手肯定选择最厉害走法的两个例子

假如能够给棋局一个打分，表示"这个棋局对阿尔法小狗是有利还是不利"，分数越高表示对小狗越有利、对玩家越不利，分数越低表示对玩家越有利、对阿尔法小狗越不利，这样的话，阿尔法小狗枚举第 3 手玩家的所有 7 种走法，每一种走法都打了一个分数，玩家"最厉害的走法"就是选打分最低的走法。

比如玩家第 3 手走 2 号位，阿尔法小狗对棋局的评分是 2 分；玩家走 9 号位，对棋局的评分是 9 分；那么玩家肯定走 2 号位，这样给阿尔法小狗造成的困难最大。因此，阿尔法小狗第 2 手尝试走 1 号位的赢面是 2 分，也就是第 3 手所有棋局评分的最小值。

另一个例子如图 5.14 右侧所示。

假如第 2 手阿尔法小狗尝试走 2 号位，玩家第 3 手也有 7 种应对走法（走 1，3，4，6，7，8，9 号位）。阿尔法小狗枚举这 7 种走法，每一种棋局都给一个评分，比如玩家走 1 号位打 1 分，玩家走 8 号位打 8 分。

这样玩家肯定走他最厉害的走法，就是走 1 号位。因此，阿尔法小狗第 2 手尝试下在 2 号位的赢面是 1 分。

（3）阿尔法小狗的下棋方式。

阿尔法小狗会计算棋局评分和"赢面"之后，下棋就简单了，就是不断执行以下两步：

第一步是算第 3 手的棋局评分的最小值。

对第 2 手的每一种尝试，都枚举玩家第 3 手的可能走法，然后计算出棋局评分，找出最小值来，就是"玩家最厉害的走法"。这个最小棋局评分就是阿尔法小狗这种尝试的赢面。

第二步是算第 2 手的赢面的最大值。

阿尔法小狗对每一种尝试都算出赢面来，最后按赢面最大的走法下棋就行了。如图 5.15 所示，下棋就是"一步算最小、一步算最大"，很有规律吧？

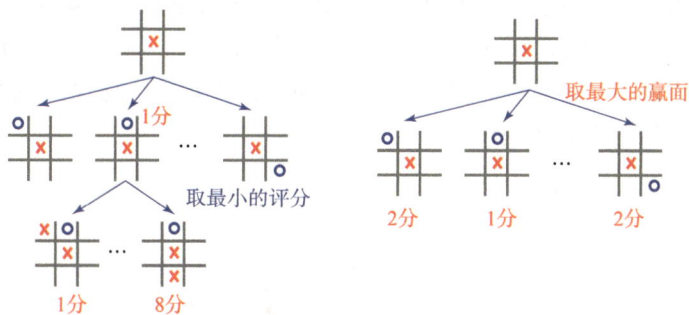

图 5.15 下棋就是"一步算最小、一步算最大"

下棋的"最小最大"过程：尝试第 2 手的每一种情况，在第 3 手所有的玩家应对中选择最小的评分，作为第 2 手的赢面；然后在第 2 手所有的可能下法中选择赢面最大的下法。

（4）阿尔法小狗怎样对棋局进行评分呢？

tic - tac - toe 棋游戏中判断输赢的标准是看行、看列、看对角线，那么阿尔法小狗怎样对棋局评分呢？

我们以一行作为例子，对一列、一条对角线的打分都进行同样的处理。

①如果一行都被阿尔法小狗占据了，那么玩家输，阿尔法小狗赢，加100分。

②如果一行都被玩家占据了，那么玩家赢，阿尔法小狗输，加 –100 分。

③如果一行有 2 个格子被阿尔法小狗占据，有 1 个空格，那么这个棋局对阿尔法小狗特别有利，加 50 分。

④如果一行有 2 个格子被玩家占据，有 1 个空格，那么这个棋局对玩家特别有利，加 –50 分。

⑤如果一行有 1 个格子被阿尔法小狗占据，1 个格子被玩家占据，还有 1 个空格，那么这个棋局阿尔法小狗和玩家势均力敌，加 0 分。

⑥如果一行有 1 个格子被阿尔法小狗占据，有 2 个空格，那么这个棋局对阿尔法小狗略微有利，可以少加点分，例如 10 分。

⑦如果一行有 1 个格子被玩家占据，有 2 个空格，那么这个棋局对玩家略微有利，可以加 –10 分。

（5）阿尔法小狗要"深谋远虑"还是"目光短浅"？

若阿尔法小狗第 2 手尝试每一种走法，然后只考虑玩家第 3 手的应对，则是一只"目光短浅"的阿尔法小狗。平时长辈们总是告诫我们要"深谋远虑"，不要"目光短浅"。那么让阿尔法小狗"深谋远虑"的方法如下：

要想赢棋，不能只思考对手第 3 手怎么走，还得考虑自己第 4 手怎么应对，对手第 5 手怎么走，自己第 6 手怎么应对……想得越深、越全面，赢棋的把握越大。这是古语说的"多算胜、少算不胜"，还有深谋远虑。深谋远虑型阿尔法小狗的下棋方法如图 5.16 所示。

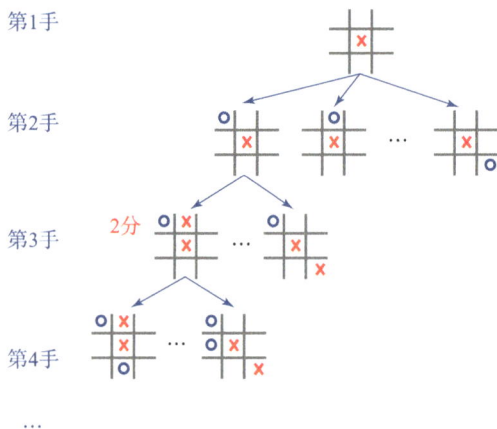

图 5.16　深谋远虑型阿尔法小狗的下棋方法

若要这样，那么阿尔法小狗的枚举次数计算如下：

假如玩家先下，占据了一个格子，剩下还有 8 个格子可以让阿尔法小狗下；假如阿尔法小狗尝试下在一个格子里，剩下还有 7 个格子可以让玩家下。这样不断重复下去，总共可能的下棋过程有 $8 \times 7 \times 6 \times 5 \times 4 \times 3 \times 2 \times 1 = 40\,320$（种）。让阿尔法小狗考虑这么多种可能的情况是不可能的。

因此要让阿尔法小狗"深谋远虑"的话，也要适可而止。

🔵 想一想 ⋮⋯

如果让你用程序实现阿尔法小狗，你需要设计哪些部分？

5.2.2　阿尔法小狗实验

1. 阿尔法小狗的脚本 1：搜索最优子

如图 5.17 所示：

设置阿尔法小狗尝试的最高分 = −999；

设置［阿尔法小狗的尝试］= 0；

重复 9 次；

将"阿尔法小狗"的尝试 ++ ；

如果棋局［阿尔法小狗的尝试］= 0；

设置棋局［阿尔法小狗的尝试］= 1；

调用猜测玩家的最厉害走法积木块；

图 5.17　搜索最优子

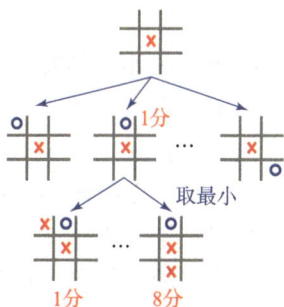

如果玩家最厉害走法的打分 > 阿尔法小狗尝试的最高分；

设置阿尔法小狗尝试的最高分 = 玩家最厉害走法的打分；

设置阿尔法小狗的最优走子 = 阿尔法小狗的尝试；

设置棋局［阿尔法小狗的尝试］= 0。

2. 阿尔法小狗的脚本 2：猜测玩家最厉害的走法

如图 5.18 所示：

猜测玩家的最厉害的走法积木；

设置玩家最优走子的打分 = 999；

设置［玩家走子的尝试］= 0；

重复 9 次；

将玩家走子的尝试 ++ ；

如果棋局［玩家走子的尝试］= 0；

设置棋局［玩家走子的尝试］= −1；

调用对棋局打分积木块；

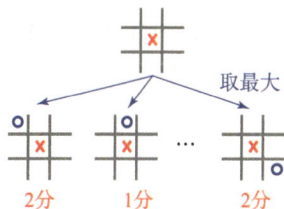

图 5.18　猜测玩家最厉害的走法

如果棋局的评分＜玩家最优走子的打分；

设置玩家最优走子的打分＝棋局的评分；

设置棋局［玩家的尝试］＝0。

3. 阿尔法小狗的脚本 3：对棋局打分

如图 5.19 所示：

对棋局的打分积木；

设置棋局的评分＝0；

调用对一行打分积木（棋局［1］，棋局［2］，棋局［3］）；

调用对一行打分积木（棋局［4］，棋局［5］，棋局［6］）；

调用对一行打分积木（棋局［7］，棋局［8］，棋局［9］）；

调用对一行打分积木（棋局［1］，棋局［4］，棋局［7］）；

调用对一行打分积木（棋局［2］，棋局［5］，棋局［8］）；

调用对一行打分积木（棋局［3］，棋局［6］，棋局［9］）；

调用对一行打分积木（棋局［1］，棋局［5］，棋局［9］）；

调用对一行打分积木（棋局［3］，棋局［5］，棋局［7］）。

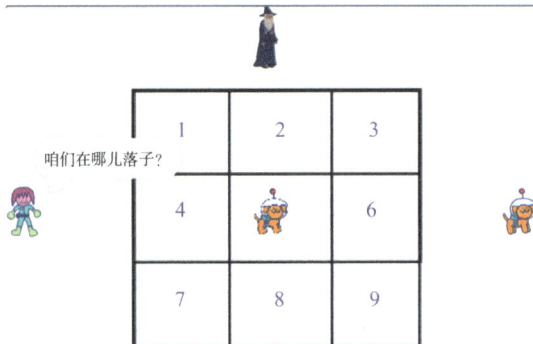

图 5.19　对棋局打分

4. 阿尔法小狗的脚本 4：对一行一列或者对角线打分

（1）情况一，如图 5.20 所示：

对一行打分（x，y，z）；

设置三子之和＝$x+y+z$；

如果三子之和＝3；

将棋局的评分增加 100。

图 5.20　三子之和＝3

注：表示三格都是狗，狗胜加 100 分

（2）情况二，如图 5.21 所示：

对一行打分 (x, y, z)；

设置三子之和 $= x + y + z$；

如果三子之和 $= -3$；

将棋局的评分增加 -50。

（3）情况三，如图 5.22 所示：

对一行打分 (x, y, z)；

设置三子之和 $= x + y + z$；

如果三子之和 $= 2$；

将棋局的评分增加 3。

（4）情况四，如图 5.23 所示：

对一行打分 (x, y, z)；

设置三子之和 $= x + y + z$；

如果三子之和 $= 1$；

如果 $x = 0$ 或 $y = 0$ 或 $z = 0$；

将棋局的评分增加 2；

否则；

将棋局的评分增加 1。

（5）情况五，如图 5.24 所示：

对一行打分 (x, y, z)；

设置三子之和 $= x + y + z$；

如果三子之和 $= 0$；

将棋局的评分增加 0。

-1 -1 -1

图 5.21　三子之和 $= -3$

注：表示三格都是玩家，玩家胜，减 50 分

1 1 0

图 5.22　三子之和 $= 2$

注：表示 2 狗 1 空，有胜的可能，
稍微加一点儿分

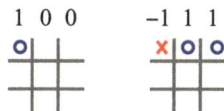

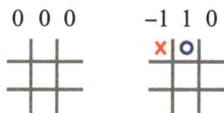

1 0 0　　　-1 1 1

图 5.23　三子之和 $= 1$

注：表示 2 狗 1 人，或 1 狗 2 空，
稍微加一点儿分

0 0 0　　　-1 1 0

图 5.24　三子之和 $= 0$

注：表示 3 空或 1 狗 1 人，不加分

⊙ 想一想

上述情况时是否包含了棋局的所有情况？如果不是，请将剩余情况补充完整。

▶ 实践探究

阿尔法小狗

（1）工具：Scratch 程序。

（2）步骤：

①根据提示完成程序的编写。

②总结程序中的 bug 并修改。

这里总结了两个容易出现的 bug：

bug 1：写错列表。

改正：不能马虎！

bug 2：忘记保存程序。

改正：每写一段程序就保存一次。

③对实验进行分析。

科学拓展

1. 让阿尔法小狗变聪明的方法

让阿尔法小狗变聪明的办法有两种：第一种是程序有 bug，要改 bug；第二种是对局面的打分方法不好，要改打分方法。

比如程序中的 bug 是写错了列表导致，那么小狗会很傻，总是走错位置。当方法不对时会和 bug 不太一样，比如当阿尔法小狗在一行已经占据两格，再占一格就胜利时，可是方法不对的阿尔法小狗会自己走自己的，根本不在意已经有两个格了。

2. 新玩法：狗狗大战

如果有多个人一起学的话可以来一场"狗与狗的对决"，也就是让你的玩家走你的伙伴的狗走的位置。比如说 A 是你的玩家，而 B 是你的伙伴的狗，B 走到了 5 号格子，那 A 就得走到 5 号格子，之后你的狗就会走到一个位置，而你伙伴的玩家就得走到你的狗走的那个位置。这样就有了一场狗与狗的对决。

比如说，你和小 A 进行了一场比赛，第 1 场比赛是你输了之后，你通过检查程序发现你的程序有问题，第 2 场比赛你们战平了，第 3 场比赛你们又战平了。理论上说，如果有一个人的狗战败了，那么说明你的狗存在一个 bug，或者你的方法不对。

参考文献

［1］徐志明，孙晓明．计算机科学导论［M］.北京：清华大学出版社，2018.

［2］葛艳玲，乔孟丽．计算思维基础［M］.北京：人民邮电出版社，2021.

［3］万珊珊，吕橙，邱李华，等．计算思维导论［M］.北京：机械工业出版社，2019.

［4］王元卓，陆源，包云岗．计算的脚步［M］.北京：机械工业出版社，2022.

［5］［美］Charles Petzold. 编码［M］.北京：电子工业出版社，2014.

［6］包若宁，卜文远，傅鼎荃，等．少儿计算思维养成记：六个孩子的编程学习笔记［M］.北京：机械工业出版社，2022.